知彼知己百戰不殆 일본 바로 알기

롯 본 기
김 교 수

김교수 지음

GREEN
HOUSE

"일본은 우리에게 절대 _____ 않는다!"

일러두기

- 본문 내 일어 표기는 국립국어원의 원칙에 따라 표기했습니다.
- 단 롯본기 표기는 저자의 유튜브 명칭을 사용했습니다.

일본을 넘어서기 위해서는
일본을 철저히 알아야 한다

하루가 다르게 냉각되는 한일관계에는 아랑곳없이 도쿄의 날씨는 맹렬한 열기를 뿜어내고 있다. 2019년 여름 한복판에 도쿄 롯본기 5정목에 위치한 사무실에서 도쿄타워를 바라보며 이런저런 생각에 잠겼다.

'왜 일본 TV에서는 연일 한국을 욕하는 방송이 끊이지 않는 것일까', '왜 일본에서는 혐한서적이 베스트셀러인 것일까', '왜 일본은 한국을 혐오하게 됐을까' 등 수개월 전부터 계속된 수많은 고민 탓에 제대로 잠을 청한 날이 손에 꼽을 만큼 적다.

몇 달 전 아이가 주변을 두리번거리더니 아무도 없는 것을 확인하고 나서야 나에게 한국말을 사용한 적이 있다. 분명 어디에선가 한국말을 쓴다는 이유로 좋지 않은 경험을 한 것이라는 생각에 정신이 번쩍 들었다. 한국인이라는 이유 하나만으로 멸시와 차별을 겪어야 한 건 비단 나뿐만이 아니었던 것이다. 아무 죄도 없는 사랑하는 내 아이가 그저 한국말을 쓴다는 이유로 비난을 받는 현재 일본의 비정상적인 상황을 그대로 간과하고 넘어갈 수는 없었다. 이후 나는 조악한 장비를 마련해 일본의 실태를 알리는 유튜브 방송을 시작했다.

2019년 7월 1일, 일본 아베 정권은 강제징용 피해자에 대한 한국 대법원의 배상명령에 반발해 북한의 핵미사일 개발에 전용될 수 있다는 어이없는 명목으로 우리나라 반도체 및 소재 부품에 대한 경제보복 조치를 감행했다. 이날은 법적으로 일본에게서 독립한 1945년 8월 15일 광복절만큼이나 역사적인 의미가 담긴 중대한 날로 추후 기억될 것이다. 한국은 일본에 충성하고 한민족을 고통받게 한 친일파가 숙청되지 않고 국가 요직을 담당해왔으며, 친일정권이 수년 전까지 집권하며 국민에게 친일을 세뇌했다. 친일이 세뇌된 것이 아니라면 무자비한 식민지배를 겪고도 그토록 많은 한국 관광객이 매년 일본을 방문하고 일본 상품을 무분별하게 구매하는 행태를 설명할 방법이 없다.

일본의 경제보복 조치 사건을 계기로 내 유튜브 채널은 여러 사람에게 알려졌고 시청자들의 호응에 힘입어 이 책의 집필도 시작했다. 우리는 일본과 일본인에 대해 제대로 알지 못한 채 일본이 아름답고 친절한 선진국이라는 이미지만 주입받았다. 우리가 일본을 넘어서기 위해서는 이제부터라도 일본을 철저히 알아야 한다. 이 책은 내가 유튜브에서 방송한 내용을 중심으로 독자 여러분이 일본과 일본인을 이해하는 데 조금이라도 도움이 되길 바라며 최선을 다해 집필한 것이다.

아무쪼록 부족한 내용이 있더라도 너그럽게 이해해주시길 바라며 앞으로도 일본을 심도 있게 이해할 수 있는 내용을 정리해 독자 여러분에게 소개할 수 있도록 최선을 다하겠다.

일본이라는 나라와 일본인 그리고 아베 정권을 이해하고 일본을 넘어서는 강력한 통일 대한민국을 만들어가는 데 이 책이 도움이 되기를 진심으로 기원해본다.

롯본기 김교수

차례

PART 2 'NO NO JAPAN' 아베 정권 몰락의 신호탄

PART 1

세계 최악의 나라, 일본의 민낯

일본은 절대 사과하지 않는다

자국민에게만 '메이와쿠迷惑', 이중적 잣대를 가진 일본

일본에는 특유의 '메이와쿠迷惑 문화'가 있다. 메이와쿠는 '민폐'라는 뜻으로, 일본인은 어린 시절부터 '타인에게 민폐를 끼치면 안 된다'는 교육을 받고 자란다. 지하철을 비롯한 공공장소에서는 큰 소리로 대화하거나 전화 통화를 하지 않고, 타인에게 순서를 양보하거나 자신이 배출한 쓰레기는 직접 치우는 등

일본인의 이른바 '도덕적인 행동'에 대한 배경을 바로 이 메이와쿠 문화에서 찾을 수 있다. 지난 2011년 동일본 대지진이 발생한 급박한 상황에서도 질서정연하게 줄을 서서 구호물자를 받는 일본인들의 모습이 방송을 타며 전 세계를 놀라게 했을 정도다.

이처럼 우리는 흔히 일본인에 대해 '예의 바른 국민성'이라는 이미지를 떠올린다. 작은 실수도 곧바로 깊숙이 고개를 숙여 사과하고 타인 앞을 지나갈 때도 '스미마센 실례합니다'을 연발하는 등 일본인의 일상 모습을 보면 분명 예의를 중시하는 성향을 가진 듯하다.

그렇다면 일상생활에서는 극도로 남에게 폐를 끼치지 않는 예의 바른 일본인이 왜 돌이킬 수 없는 피해를 입힌 우리나라를 비롯한 수많은 아시아 국가들에게는 진정한 사과를 하지 않을까? 위안부와 강제징용 문제와 같이 시시비비가 명확한 사안에 대해서도 일본은 수십 년 동안 뻔뻔스러울 만치 고개를 돌리고 있다. 대한민국 국민의 한 사람으로서 분통이 터질 노릇이다.

나는 이런 일본의 이중적인 행태에 대해 오랫동안 연구했고, 크게 두 가지 이유를 찾을 수 있었다. 일본이 우리나라에게 사죄하지 않는 첫 번째 이유, 바로 일본이 '섬나라'이기 때문이다. 일본인은 일본이란 이름의 섬 안에 있는 건 무조건 '좋은 것', '존중해야 하는 것'으로 인식한다. 쉽게 말해 섬이라는 울타리 안쪽은 '우리 편'이라는 의미다.

반면 섬 밖, 즉 일본 이외의 것들은 '나쁜 것' 혹은 '무시해도 되는 것'이라는 의식을 갖고 있다. 미국 트럼프 대통령이 말한 '아메리카 퍼스트'와 같은 '저팬 퍼스트'인 셈이다. 섬이라는 기준으로 아군과 적군을 가르는 아주 무서운 흑백논리가 아닐 수 없다.

일본에서는 '섬' 이름을 부를 때 일본 국내에 있는 섬과 외국에 있는 섬을 다르게 표현한다. 같은 '섬 도島'라는 한자를 쓰긴 하지만, 읽을 때는 일본 국내에 있는 섬은 '시마', 외국에 있는 섬은 '토'라고 발음한다. 예를 들어 대마도는 쓰시마對馬島라고 부르는데, 괌은 '구아무토', 하와이는 '하와이토'라고 부르는 것이다.

하지만 일본은 독도를 '지쿠토竹島'가 아닌 '다케시마'라고 부른다. 독도를 '자신들의 섬'이라고 여기기 때문이다. 단어 하나에서도 일본인의 비열한 속내가 드러난다.

선박, 즉 배의 이름도 마찬가지다. 일본 선적의 배는 '마루丸'
란 단어를 붙인다. 예를 들어 '일본호'라고 하면 '니혼마루日本
丸'라고 부른다. 하지만 외국 선박은 '한국호', '타이타닉호' 등
과 같이 '호號'를 붙인다.

이것 또한 일본인이 섬 안에 있는 것과 바깥에 있는 것을 확실
하게 구분하고자 하는 의지가 반영된 결과라고 할 수 있다.

같은 맥락으로 일본 전통의식 중 하나로 일반 가정에서도 흔
히 볼 수 있는 '오니鬼 의식'이 있다. 입춘 전날 밤에 오니라는
도깨비 탈을 쓰는 것으로 아버지가 대개 그 역할을 한다. 도깨비
탈을 쓴 사람이 집 밖에서 대문으로 들어올 때 아이들은 콩을 던
지면서 "오니와 소토, 후쿠와 우치 도깨비는 밖으로, 복은 안으로"라는
말을 반복한다. 이 의식 역시 밖에 있는 건 나쁘고 안에 있는 건
좋은 것이라는 의미를 내포하고 있다.

또 다른 예로 일본의 국기인 스모 경기를 꼽을 수 있다. 스모
는 동그란 원 안에서 상대를 바깥으로 밀어내는 경기다. 한국의
씨름은 경기장 밖으로 밀려나면 안으로 들어와 다시 경기를 하
는 데 반해 스모는 곧바로 패배가 선언된다.

동그란 경기장은 일본, 즉 섬을 상징하는 것으로 안과 밖을 기

준으로 승패를 가른다. '섬 안이 옳고, 섬 밖은 그르다'는 인식의 연장이다.

나는 미국과 중국에 거주하는 친한 일본인이 몇 명 있다. 그런데 그들의 성향은 일본 현지 사람들과는 사뭇 다르다. 해외에 거주하는 일본인들에게서는 메이와쿠 문화를 중시하는 모습을 찾아볼 수 없었다. 조금 더 직설적으로 말하면 해외에 거주하는 일본인의 행동과 말투는 차라리 예의가 없는 수준에 가까웠다.

일본인들조차 섬을 벗어나면 일본 고유의 특성이 자연스럽게 사라져버리는 것일까? 도통 알 수 없는 노릇이다.

일본의 철저한 자기중심적 성향은 지난 2011년 3월 발생한 후쿠시마 원전 사고 이후 단 한 번도 해외 미디어를 통해 사과를 한 사실이 없다는 것에서도 알 수 있다. 과거 체르노빌 원전 사고 당시 수천 킬로미터나 떨어진 일본에서 민감한 반응을 보이며 방사능 누출 수치를 공개하라고 난리를 쳤던 사실을 떠올려보면 그들의 이중성을 실감할 수 있다.

일본은 WTO에 제소된 수산물 관련 문제는 물론 방사능 오염수를 무분별하게 바다에 방류하고 있는 것에 대해서도 전 세계에 사과 비슷한 말조차 한 적이 없다. 만약 이 같은 사고가 자국

사과는 정권이나 국가의 정치적 상황에서도

흔들리지 않는 것이어야 한다.

일본이 해야 할 '진정성' 있는 사과란

바로 그런 사과이다.

민을 대상으로 발생했다면 일본 정부는 곧바로 무릎을 꿇고 굵은 눈물을 흘리며 국민들에게 폐를 끼쳐서 정말 죄송하다고 읍소했을 터다.

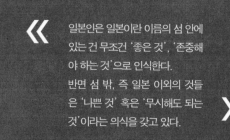

일본인은 일본이란 이름의 섬 안에 있는 건 무조건 '좋은 것', '존중해야 하는 것'으로 인식한다.
반면 섬 밖, 즉 일본 이외의 것들은 '나쁜 것' 혹은 '무시해도 되는 것'이라는 의식을 갖고 있다.

일본은 국내에서 일어난 사건·사고에 대해서는 정말 죽을 것처럼 사죄를 하지만 섬 바깥의 일은 전혀 중요하지 않게 여긴다. '내로남불내가 하면 로맨스 남이 하면 불륜'이라는 요즘 세대 말과 딱 맞아떨어진다.

이렇듯 일본이 섬 바깥에 있는 나라들을 너무나 당연하게 무시하는 성향에서 우리는 일본인들이 자신들의 잘못을 사죄하지 않는 이유를 미뤄 짐작할 수 있다.

결국 우리나라를 비롯한 수많은 나라에서 자행된 식민지 정책과 일본 제국주의로 인해 발발한 전쟁들은 자국이 아닌 해외에서 벌어진 일이고 외국인에 대해 행해진 것이기 때문에 전혀 신경 쓰지 않는 것이다. 일본이 과거 제2차 세계대전 당시 많은 아시아 국가들에게 크나큰 피해를 입혔는데도 불구하고 국내에서 일어난 일이 아니기 때문에 사죄할 필요성을 못 느낀다고 볼 수 있다.

일본에게 대한민국은 철저한 을乙이다

일본이 다른 나라에게 절대 사과하지 않는 두 번째 이유, 이른바 '갑을 문화' 때문이다. 일본은 갑과 을로 관계를 명확히 가르는 성향이 있다. 말 그대로 갑은 을에게 어떤 행위를 해도 용납이 되는 이른바 '갑질'의 주체라고 할 수 있다. 반대로 을은 갑의 의사에 반하는 어떤 행동도 해서는 안 된다. 설사 갑의 의견 혹은 요구가 틀린 것이라고 해도 말이다. 이처럼 일본에는 을에게 불합리한 선택과 행동을 강요하는 특유의 갑을 문화가 존재한다. 이는 세계에서 오직 일본인만이 갖고 있는 '종특', 다시 말해 종족 특성이다.

　일상에서 흔히 접할 수 있는 예를 들어보자. 일본인은 식당에서 나이에 상관없이 종업원에게 무조건 반말을 한다. 아주 어린 청년이 흰머리가 성성한 어르신에게 손가락으로 메뉴를 가리키며 거만한 태도로 "고레초다이이거 줘"라고 외친다.

우리로서는 전혀 이해하지 못할 상황이지만 일본에서는 흔히 볼 수 있는 모습이다. 아이러니한 사실은 종업원도 그것에 대해서 전혀 불편해하지 않고 당연하게 생각한다는 점이다. 손님과 식당 종업원이라는 '갑을 관계'가 확실히 성립이 됐기 때문이다.

손님, 즉 '갑'으로서 식당을 방문한 이들도 자신들의 일터에서는 '을'로 취급받는 걸 당연하게 생각한다. 식당에서 어르신에게 "초다이"를 외치던 청년들은 자신들이 일하는 식당에서 똑같은 대우를 받는 걸 거리낌 없이 받아들인다. 손님의 언사를 아니꼬워하거나 자신보다 어린 학생에게 '왜 반말을 하느냐'고 따져 묻지 않는다. 한국, 아니 전 세계 어디에서도 볼 수 없는 일본만의 문화다.

한 가지 더, 일본 남성은 부인 혹은 여자친구를 '오마에お前'라고 부른다. '오마에'는 '너'라는 뜻으로 상대방을 하대할 때 사용하는 단어다. 조금 더 자세히 설명하면 '앞 전前' 자를 써서 한국말로 하면 "어이, 거기 앞에 있는 놈"이라는 의미를 갖고 있다. 그런데 일본 남성은 부정적인 의미를 가진 '오마에'를 부인

이나 여자친구를 부를 때 일반적으로 사용하는 것이다.

이는 전통적으로 남자가 갑이고, 여자를 을로 취급한 일본 역사에서 그 이유를 찾을 수 있다. 일본 남성과 여성은 오래 전부터 갑을 관계가 확실히 정해져 있었다. 그래서 남성이 여성을 하대하는 걸 당연하게 생각한다. '잃어버린 10년'이라고 부르는 '버블시대' 당시 잠시 페미니즘이 득세했지만 그건 말 그대로 잠깐일 뿐이었다. 여자들 역시 자신이 '오마에'라고 불린다고 해서 그것을 전혀 불편하게 생각하지 않는다. 여자들도 자신이 을의 입장에 있다는 걸 인정하는 것이다.

일본은 사장이 직원에게 함부로 대하는 것에 대해서도 당연하게 생각한다. 직원들은 별다른 불만을 얘기하지 않는다. 정치인들이 시행하는 정책에 대해서 크게 반대하지 않는 이유 역시 같은 맥락이다. 사장이든 정치인과 같은 '높으신 분'이든 그들 문화에서는 철저한 갑의 위치에 있는 사람이기 때문이다.

제2차 세계대전에서 일본이 패망했을 때 한 미군 병사가 쓴 편지를 인터넷에서 읽은 적이 있다. 당시 일본은 가미가제 특공대를 필두로 끝까지 저항했기 때문에 미군 병사는 점령군으로서 일본에 상륙하면서도 굉장한 두려움을 갖고 있었다. 혹시 누군가 폭탄을 품에 안고 미군 주둔지에 오지는 않을까 밤에 잠을 자지 못했다고 한다.

그런데 막상 일본에서 만난 일본인들은 너무나 예의 바르고 깍듯했다. 품 속 폭탄은커녕 자신들이 숨겨둔 꿀단지까지 내놓을 만큼 납작 엎드린 태도를 보인 것이다. 전쟁에서 승리한 미군과 패망한 일본 사이에 '갑을 관계'가 형성된 까닭이다.

만약 같은 상황에서 우리나라가 패했다면 미국은 우리의 철천지원수가 됐을 것이다. 우리나라 도시에 핵폭탄 두 방을 쏘는 바람에 죄 없는 수많은 시민들이 죽었다고 가정한다면 미국과는 평생 한 하늘을 이고 살지 못할 터다. 하지만 일본은 '찍소리'조차 하지 않는다. 전쟁에 이긴 미국은 갑이고 패배한 일본은 을이기 때문에 아무 말 없이 매우 친절하게 미군을 '받들어 모신 것'이다.

현재 아이폰 점유율 전 세계 1위 국가는 바로 일본이다. 무려 60%에 가까운 점유율을 보이고 있다. 일본 자국 브랜드보다 철천지원수인 미국에서 만든 아이폰을 사랑하는 현실, 그렇게 일본인은 과거 수많은 자국민을 죽인 미국을 여전히 떠받들고 있다.

이렇게 갑을 관계를 확실히 하는 일본인의 특성을 봤을 때, 일본이 우리에게 진정한 사죄를 하지 않는 서글픈 이유를 짐작할 수 있다. 과거 제국주의를 표방한 일본은 강력한 나라, 즉 갑이었다. 일본이 식민지로 삼았던 우리나라를 비롯한 아시아의 많은 국가들은 약한 나라, 즉 을이었다. 일본인이 생각하는 갑을 관계에서 한국은 철저한 을이기 때문에 강력한 갑이었던 일본에게 불만을 얘기할 수 없다고 생각하는 것이다.

물론 일본인이 다른 나라에 사죄를 하지 않는 것은 '섬'과 '갑을 문화' 외에도 여러 가지 이유가 있을 것이다. 하지만 나는 이 두 가지야말로 근본적인 이유라고 확신한다. 일본인 기저에 깔린 가장 강한 본성이 바로 거기에서 비롯되는 것이라고 생각한다.

일본은 빛 좋은 개살구에 불과하다

겉모습에만 치중하는 일본의 행태

미국과 중국에 이어 경제규모 세계 3위를 자랑하는 일본은 '선진국'이란 이미지를 갖고 있다. 세계적으로 손꼽히는 수많은 기업과 브랜드, 장인정신의 정수로 불리는 여러 명품 등으로 일본은 분명 대부분의 나라에 비해 상대적 우위에 서 있다.

그래서일까? 많은 나라 대다수 사람들은 일본에 대해 막연한 환상을 가지고 있다. 풍요로운 경제력 덕분에 일본인이 예의 바르고 나눔에 인색하지 않다고 생각하는 것이 바로 일본에 대한 착각이다. 실제로 해외에서 직접 경험한 바에 따르면, 일본인에 대한 대우는 다른 동양인과 확연히 달랐다. 물론 이제는 우리나라도 세계 10위권을 오르내리는 경제 강국 중 하나로 성장했지만, 국제적인 인식은 여전히 갈 길이 먼 것이 사실이다.

하지만 빛이 있으면 반드시 어둠이 있고, 동전의 앞과 뒤가 존재하듯이 한 나라에 대한 평가 역시 긍정적인 면과 부정적인 면을 동시에 살펴보아야 한다. 앞서 언급한 부분이 일본의 좋은 점이라면, 이제 최대한 객관적인 시점에서 일본의 나쁜 점을 살펴보고자 한다.

■

정신병원 수 세계 1위

전 세계에서 정신병원 수가 가장 많은 나라, 바로 일본이다. 일본에는 8000여 개에 달하는 병원이 있는데 이 중 1000개가량이 정신병원으로 등록돼 있다. 일본 병원 중 무려 12% 이상이 정신병원인 셈이다.

한 발 더 나아가, 일본을 비롯한 전 세계 정신병원에 입원한 환자의 5분의 1(18.6%)이 바로 일본인이라고 한다. 전 세계 정신질환 환자 5명 중 1명이 일본인이라는 계산이다. 매우 충격적인 수치다.

일본에서 이른바 '변태성향적 범죄'가 많이 발생하는 이유 역시 이와 같은 맥락에서 유추할 수 있다. 최근 우리나라에서 '조현병'의 심각성이 이슈가 되었다. 그런데 일본에서 조현병은 그리 심각한 정신질환이 아니다. 그보다 훨씬 심각한 정신질환 환자가 널리고 널린 까닭이다.

이 같은 현상에 대한 의학적 근거는 아직 명확하게 밝혀지지 않았다. 다만 일본인의 잘못된 오랜 습성과 폐쇄적이고 이중적인 국민성 등 여러 가지 이유가 복합적으로 작용했으리란 추측만 할 뿐이다. 의학적 소견을 떠나 지금까지 설명한 객관적인 수치만으로도 일본의 어두운 단면을 충분히 확인할 수 있을 터다.

■

청년 자살 비율 세계 1위

또 다른 놀라운 수치가 있다. 15~24세 일본 청년 자살률이 세계 1위라는 사실이다. 안타깝게도 전체 연령의 자살률은 한국이 일본보다 다소 높게 나타났지만, 청년 자살률은 일본이 압도적으로 1위를 기록하고 있다.

물론 두 수치 모두 각국의 어두운 측면이지만, 일본이 한국보다 더 암울한 부분은 젊은이가 자살하는 비율이 세계에서 가장 높고 계속해서 증가하고 있다는 점이다.

중년 및 고령자의 자살보다도 청년 자살이 더욱 심각하게 받아들여지는 이유는 그들이 바로 '조국의 미래'이기 때문이다. 아직 수많은 잠재력을 품고 있는 청년의 자살은 무한한 가능성이 있는 '미래'가 사라지는 것이다.

의도치는 않았지만 일본의 어두운 면을 살피는 과정에서 우리나라의 부정적인 측면도 확인하게 됐다. 이 공간을 빌려 나라의 구분을 떠나 부디 자살이란 극단적인 방식으로 삶을 놓는 안타까운 일이 사라지길 간절히 바라본다.

반려동물 살처분 세계 1위

최근 우리나라에서는 모 동물권 단체 대표가 유기견을 무분별하게 안락사한 사실이 밝혀져 큰 충격을 안긴 사건이 발생했다. 반려동물 1000만, 관련 시장 5조 원 이상의 규모를 자랑하는 우리나라는 물론 반려문화가 완벽하게 정착된 미국과 해외 여러 나라에서도 한 생명의 삶을 인위적으로 끝내는 안락사에 대한 논란은 여전히 뜨겁다.

그런데 일본은 안락사도 아닌 '살처분'을 세계에서 가장 많이 하는 나라로 악명이 높다. 일본에서는 한 해에 개 10만 마리, 고양이 20만 마리가 살처분된다. 매년 30만에 이르는 무고한 생명이 강제로 자신의 삶을 강탈당하는 것이다. 전 세계 어느 나라와도 비교할 수 없을 만큼 압도적인 수치다.

참고로 우리나라는 모든 동물을 합쳐 약 2만 마리, 영국은 7000여 마리, 독일은 놀랍게도 0마리라고 한다. 여담이지만 독일에 비교하면 아직 우리나라의 반려동물 문화도 갈 길이 멀다고 생각한다.

앞서 언급한 것처럼 일본인의 이미지는 '친절' 혹은 '예의'라는 단어로 압축된다. 남에게 폐를 끼치지 않겠다는 메이와쿠 문화가 뿌리 깊이 박힌 까닭이다. 그런데 나는 일본에 오래 살면서 그들과 부대끼는 횟수가 늘어날수록 일본인이 참 차갑다는 느낌을 많이 받곤 한다. 자국민이 아니어서인지 그 이유까지는 정확히 알수 없지만, '친절'이나 '예의'와는 상당한 괴리감이 느껴진다.

이는 비단 나만의 의견은 아니다. 미국, 중국, 인도 등 10여 개나라 지인들에게 질문해보니 모두 한결같이 "개인마다 차이는 있을지 몰라도 내가 겪은 일본인은 전반적으로 그리 따뜻한 마음을 가지지 않았다"는 의견을 전했다. 이 역시 '섬'이란 기준으로 아군과 적군을 나누는 일본 고유의 문화가 작용한 것은 아닌가라는 생각을 해본다.

최근 큰 인기를 누리는 몇몇 '국뽕국뽕은 국가와 히로뽕의 합성어로, 국수주의, 민족주의가 심하며 타민족에 배타적이고 자국만이 최고라고 여기는 행위나 사람을 일컫는다 방송'의 진행자는 스스로 "일본인 대단하다", "일본인은 정이 많아서 세계적으로도 호감을 받고 있다"와 같은 자아도취식 멘트를 쉴 새 없이 쏟아낸다.

연구를 위해 해당 방송과 영상을 몇 개 시청했는데 그저 어이가 없었다. 어느 정도 자기 자랑이야 애교로 웃어넘길 수 있겠으나, 차라리 사기와 다름 아닌 내용이 전부였다. 마치 베를린 올림픽 전의 나치 정권을 연상케 할 정도다.

한 해 30만 마리가 넘는 동물을 마치 짐짝처럼 아무런 죄의식 없이 살처분하는 일본이 정을 논한다는 건 어불성설일 뿐이다. 내가 만나본 일본인은 정이 없다. 아울러 아무 죄 없는 동물들이 그저 일본에서 태어났다는 이유로 살처분당하는 일이 없어지길 바란다.

가사분담을 하지 않는 남편 비율 세계 1위

일본 가정에서 남편에게 가사분담이란 남의 나라 이야기다. 실제로 내가 일본에서 만난 수많은 부부 중 남편이 가사 또는 육아를 함께하는 경우는 손에 꼽을 만큼 드물었다. 오죽하면 "세계에서 가장 인기 없는 남자는 바로 일본인"이라는 웃지 못 할 농담까지 나왔을까? 게다가 키가 훤칠하거나 눈이 튀어나올 만큼 잘생긴 것도 아니고, 매너도 없고 짠돌이 기질이 다분한 남자가

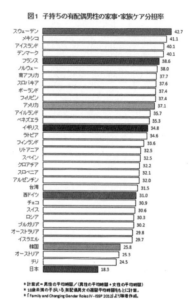

図1 子持ちの有配偶男性の家事・家族ケア分担率

スウェーデン	42.7
メキシコ	41.1
アイスランド	40.1
デンマーク	40.1
フランス	38.6
ノルウェー	38.0
南アフリカ	37.7
スロバキア	37.6
ポーランド	37.4
フィリピン	37.4
アメリカ	37.1
アイルランド	35.7
ベネズエラ	35.3
イギリス	34.8
ラトビア	34.6
フィンランド	33.6
リトアニア	32.5
スペイン	32.5
クロアチア	32.2
スロベニア	32.1
アルゼンチン	32.0
台湾	31.5
西ドイツ	31.0
チェコ	30.9
スイス	30.6
ロシア	30.3
ブルガリア	30.2
オーストラリア	29.8
イスラエル	29.7
韓国	25.8
オーストリア	25.3
チリ	24.5
日本	18.3

＊計算式＝男性の平均時間／(男性の平均時間＋女性の平均時間)
＊18歳未満の子がいる,有配偶男女の週間平均時間をもとに計算。
＊「Family and Changing Gender Roles IV - ISSP 2012」より筆者作成。

남편의 가사분담률 순위에서 일본이 최하위를 차지했다.

일본 남편 5명 중 4명은 가사와 육아를 거의 아내에게 맡기고 있다.

일본 국립사회보장 · 인구문제연구소는 '전국 가정동향'에서

이같이 밝혔다.

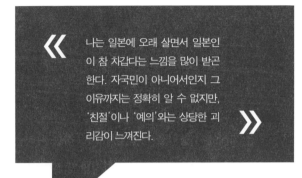

> 나는 일본에 오래 살면서 일본인이 참 차갑다는 느낌을 많이 받곤 한다. 자국민이 아니어서인지 그 이유까지는 정확히 알 수 없지만, '친절'이나 '예의'와는 상당한 괴리감이 느껴진다.

대부분이니 내가 봐도 일본 남자들은 참 매력이 없다. 반면 "미국식 집에 살며 독일 차를 타고, 일본 아내가 해주는 프랑스 요리를 먹는 것이 최고의 삶"이라는 말도 있듯 남자와는 반대로 일본 여성들은 높은 평가를 받는다.

심지어 남자들은 대부분 가사분담을 하지 않는 걸 당연하게 받아들인다. 타인에게는 극도로 예의를 차리려 노력하는 모습과는 달리 정작 자신이 가장 소중하게 대해야 할 가족에게는 형편없는 태도로 일관하는 것이다. 이 같은 남자들의 이중적인 모습에서 겉모습에만 치중하는 일본의 행태가 겹쳐 보이는 것은 비단 나뿐만은 아닐 것이다.

■

농약사용량 세계 1위

전 세계에서 農藥을 가장 많이 사용하는 나라는 어디일까? 언뜻 중국이나 미국을 떠올리기 쉽지만 일본이 농약을 가장 많이 사용한다. 좁은 땅덩어리에서 미국의 20배에 달하는 농약을 살포한다. '농약범벅'이라는 표현이 어울릴 정도다.

아이러니하지만 우리나라 사람들은 이렇듯 농약으로 키워 가공한 일본 식품의 안전성을 강하게 신뢰하는 경향이 있다. 쉽게 말해 '일본산 제품은 품질이 좋을 것'이란 막무가내식 편견에 사로잡혀 있는 것이다.

물론 농약을 사용하는 것이 무조건 나쁘다고 할 수는 없지만, 무분별하게 사용하는 것은 많은 위험성을 내포하고 있는 것이 사실이다. 잠재적 위험에 대해 무관심으로 일관하는 일본의 또다른 이중성을 엿볼 수 있는 대목이다.

수돗물 염소 사용량 세계 1위

'막말의 아이콘'으로 떠오른 아베가 정권을 잡은 후부터 각종 매체를 통해 집중적으로 보도한 것 중 하나가 바로 '수돗물'이다. 아베는 '일본의 수돗물은 세계에서 가장 안전하고 맛있다'고 끊임없이 주장한다.

그런데 일본 수돗물의 실상은 차라리 처참할 지경이다. 일본은 전 세계에서 가장 많은 양의 염소를 사용하여 수돗물을 소독한다. 독일에 비해서는 무려 30배 이상 염소를 사용하고 있다. 입맛이 예민한 사람이라면 수돗물에서 매캐하고 역겨운 염소의 냄새와 맛을 느낄 수 있을 정도다.

수돗물을 소독할 때 쓰는 염소의 유해성은 수많은 논문을 통해 밝혀지고 있다. 아토피를 비롯한 많은 질환이 염소와 인과관계가 인정된다는 의학적 소견은 이미 널리 알려졌다. 그런데도 아베는 여전히 자국 수돗물이 안전하다고 주장한다.

염소를 듬뿍 사용해서 소독한 물이 과연 안전하고 맛있는 물일까? 의미 없는 논쟁이다. 일본 수돗물이 '위생적인 측면'에서

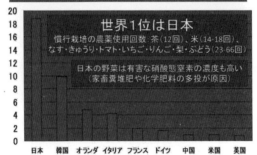

国別農薬使用量(kg／ha)2009年

世界1位は日本

慣行栽培の農薬使用回数：茶(12回)、米(14-18回)、
なす・きゅうり・トマト・いちご・りんご・梨・ぶどう(23-66回)

日本の野菜は有害な硝酸態窒素の濃度も高い
(家畜糞堆肥や化学肥料の多投が原因)

日本　韓国　オランダ　イタリア　フランス　ドイツ　中国　米国　英国

参考：GFK Kynetec社、Joy Consulting社。耕地面積当りの有効成分換算農薬使用量。
※慣行栽培の農薬使用回数は複数県のガイドライン(成分使用回数)より抜粋。

일본은 좁은 땅덩어리에서

미국의 20배에 달하는 농약을 살포한다.

'농약범벅'이라는 표현이 어울릴 정도다.

는 분명 깨끗하다는 평가를 받을 수 있을지 모른다. 하지만 적어
도 나는 일본 수돗물은 평생 절대 마시지 않을 것이다.

식품첨가물 세계 1위

식품을 용이하게 보관하기 위해 주로 사용하는 식품첨가물은 오랫동안 사회적 이슈로 손꼽혔다. 유해성 여부를 떠나 현재 수많은 가공식품에는 필수적으로 식품첨가물이 일정 수준 들어가는 현실이다.

현재 한국은 약 370종류의 식품첨가물을 사용한다. 참고로 미국은 130종류, 독일은 64종류, 영국은 21종류의 식품첨가물 사용을 허가하고 있다. 이에 비해 일본은 정말 놀라울 정도로 많은 식품첨가물을 사용하고 있는데 그 숫자가 무려 1500종류에 이른다. 역시 압도적인 1위다.

물론 식품첨가물의 안전성이 입증된 종류도 여럿이지만, 아직 모든 첨가물의 유해성이 명백히 밝혀진 건 아니다. 그런 가운데 일본은 다소 논란이 있는 식품첨가물 사용을 허용하고 있는 것이다. 과연 일본식품이 안전한가? 나는 이 질문에 결코 "그렇다"는 답을 내놓지 않겠다.

■

유전자변형식품 소비 세계 1위

콩, 옥수수 등 우리가 흔히 접할 수 있는 각종 유전자변형식품 GMO은 이미 우리 생활 깊숙이 자리를 잡았다. GMO는 인위적으로 유전자를 변형해서 농산물 유통 및 가공 편의성을 제고하는 기술로 수확량을 획기적으로 개선하는 성과를 거두기도 했다.

하지만 대다수 환경론자는 "농산물에 유전적 변이를 가한 GMO를 먹으면 심각한 부작용이 야기될 수 있다"고 입을 모은다. 아직 구체적인 사례는 없지만 방사능처럼 세대가 지난 후 부작용이 나타난다는 게 환경론자들의 일관적인 주장이다.

유럽연합EU 소속의 몇몇 나라에서 GMO 식품의 전면 금지를 선언하는 것도 같은 맥락에서다. 우리나라 역시 GMO 식품을 배제하려는 움직임이 점차 거세지는 추세다. 하지만 일본의 현황은 GMO의 잠재적 위험성이 대두되는 세계적 분위기와는 완전히 다르다. 일본은 GMO 식품의 최대 소비국으로 악명이 높다.

일본에서는 식탁에 당연하게 GMO 식품이 자리를 차지하고, 일본인 또한 GMO에 대한 거부감이 없다. '미래의 위험성'을 등한시하는 일본의 근시안적 인식이 사뭇 안타까울 따름이다.

지금까지 꼽은 문제 이외에도 세계적으로 인정받는 선진국 일본이 사실 속은 새까맣게 썩어 문드러졌다는 증거는 차고 넘친다. 일본은 결코 보이는 것만큼 속까지 꽉 찬 나라가 아니다. 그저 작두 위 무당처럼 아슬아슬한 순간을 견뎌내고 있을 뿐이다.

살기에 참 불편한 나라, 일본

고지식하고 고리타분한 문화, 대체 왜?

일본은 훌륭한 나라다. 단 20년 전, 다시 말해 1990년대 후반부터 2000년대 초반까지에 한정된 평가다. 당시만 해도 우리나라와 현격한 격차를 보이던 일본이 현재 살기 참 불편한 나라로 전락하고 말았다. 이제 여러 분야에서 우리나라가 일본을 압도하는 모습을 보일 정도다.

아직 국가 경쟁력에서는 일본이 우리나라보다 어느 정도 앞서 있지만, 일상생활의 편의성으로 범위를 좁히면 우리나라가 월등히 우위를 차지한다고 단언할 수 있다. 내가 한국인이라는 사실을 차치하고 냉정하고 객관적으로 평가하더라도 일본은 살기 불편한 나라임이 분명하다.

대표적인 사례가 바로 '팩스'다. 팩스가 세상에 나왔을 때는 말 그대로 혁명이었다. 거리와 시간에 상관없이 서류를 주고받을 수 있는 새로운 기술의 발명은 우리에게 편리함을 안겨줬다. 하지만 이후 기술이 급격하게 발전하면서 시대적 흐름은 팩스를 점차 구시대 유물로 밀어내기 시작했다. 이메일에 PDF파일을 첨부해서 보내면, 흐릿한 팩스가 아닌 원본 그대로 선명한 서류를 시공간 구애 없이 주고받을 수 있게 된 것이다.

물론 우리나라를 비롯한 세계 각국의 기업에서도 팩스를 구비하고 있지만, 어디까지나 보조적인 역할만 수행할 뿐이다. 하지만 일본은 아직도 팩스를 주된 소통 수단으로 이용한다. 관공서는 물론 이름만 대면 알 만한 세계적 대기업에서도 여전히 팩스로 서류를 주고받는다. 나 역시 팩스 전송을 자주 요청받았기에 아예 집에 팩스 기기를 사야 했다. 예상치 못한 지출이었다.

또한 일본은 전 세계적으로 도장이 점차 없어지는 추세와는 달리 아직도 도장을 사용한다. 해외 여러 나라에서 일반적으로 적용하는 서명 대체 흐름과는 완전히 반대되는 행보다.

회사에서 각종 결제를 할 때는 물론 심지어 택배를 받을 때도 도장을 찍어줘야 한다. 사인도 가능하지만 도장이 좀 더 확실하다는 인식이 있다. 그런데 정작 도장을 받는 당사자는 그 도장의 진위 여부를 신경 쓰지 않는다. 조금 과장해서 말하면 A가 B의 도장을 사용해도 아무도 눈치채지 못한다.

그래서 나는 일본의 도장 문화에 근본적인 의구심을 갖고 있다. 게다가 불필요한 절차를 중시하는 탓에 모든 과정이 복잡하고 느리기 그지없다. 복잡한 걸 선호하는 일본인의 성향이 고스란히 녹아 있는 것 중 하나가 바로 도장 문화다.

일본 '형식주의'의 끝판왕은 집을 매매할 때 확인할 수 있다. 물론 큰 금액이 오가는 주택 매매는 신중에 신중을 더해야 한다. 하지만 일본은 정도가 너무 심하다. 그나마 임대계약은 매매에 비해 상대적으로 절차가 간단하지만, 이조차 꽤 복잡한 과정을 감내해야 한다.

나는 과거 주택 매입을 경험한 후 일본에서는 두 번 다시 부동산 매매를 하지 않겠다고 다짐했다. 부동산 업자 2명이 모든 절차에 참석해 계약서의 아주 사소한 내용까지 일일이 읽으며 확인한다. 계약서 두께도 상당한 수준인데 모든 글자를 그대로 읽어 나간다. 신분증을 앞에 두고서도 "ㅇㅇㅇ 씨가 맞나요?"라며 두 번, 세 번 확인하는 식이다.

행여 한자의 획 하나라도 틀리면 아예 계약서를 다시 쓰고 매매 절차를 처음부터 다시 시작한다. 잔금을 약속한 날이면 아침부터 수십 통의 확인 전화를 받아야 한다. 일부는 꼼꼼하다는 평가를 내릴 수도 있겠지만, 당사자가 되면 그런 긍정적인 말은 하지 못할 것이다. 쉬운 것도 복잡하게 꼬아야 직성이 풀리는 일본인의 특성은 정말이지 미치고 팔짝 뛸 만큼 답답할 뿐이다.

일본 병원 및 의료보험 관련 시스템 역시 구닥다리다. 단언컨대 나는 의료보험 시스템만큼은 대한민국이 압도적인 세계 1위라고 생각한다. 미국에서 오랫동안 거주하다 일본에 오니 의료보험 시스템이 신세계로 느껴졌다. 일본 의료보험 시스템이 잘 갖춰져 있다는 의미도 있지만, 그만큼 미국의 관련 시스템이 최악이라는 뜻이기도 하다.

그런데 우리나라 의료보험 시스템은 이들과는 완전히 다른 차원에 있다. 주민등록번호만으로도 의료보험 혜택을 받을 수 있고, 진료비도 부담이 전혀 없는 수준이다. 참고로 미국에서는 사기업 의료보험에 가입돼있지 않으면 간단한 질병 치료에도 수십 만 원 또는 수백 만 원을 내야 한다.

미국에 비해 일본 의료보험 시스템은 상대적으로 잘 갖춰져 있지만, 역시나 그 과정은 퍽 복잡하다. 일본에서는 실물 의료보험증을 직접 들고 병원을 방문해야 하고 현재 복용하고 있는 약의 목록藥手帳도 구비해야 한다. 예약이라도 할라치면 수많은 질문 세례를 견뎌야 한다.

의료보험과 병원 시스템 분야에서는 우리나라가 일본에 비해 20년 이상 앞서 있다고 확신할 수 있다.

명실공히 인터넷 강국인 한국에 비해서는 퍽 느리지만, 일본 역시 세계적으로 높은 수준의 인터넷망을 구축하고 있다. 문제는 역시 실질적인 설치 과정이다. 인터넷 설치를 신청하면 해당 기업에서는 먼저 라우터 기기를 보내준다. 이후 전화와 방문을 병행하며 신분 확인과 실제 설치 가능 여부를 확인하고 나서야 비로소 설치에 들어간다. 간단하게 설명했지만 나는 일본 이주 후 인터넷 설치까지 무려 한 달 이상이 걸렸다. 그 사이 집에서는 어떤 업무도 할 수 없었고, 지인과 간단한 소식조차 교환하지 못했음은 물론이다. 인터넷을 설치한 뒤에도 비가 오거나 날이 흐리면 인터넷이 자주 끊긴다. 그렇게 날려먹은 파일의 수만큼 일본에 대한 내 평가 또한 낮아졌다.

인터넷 환경이 이 모양이니 와이파이라고 제대로 갖춰졌을 리 만무하다. 그나마 외국인이 자주 오가는 대형 역이나 공항에서는 와이파이가 제법 잘 연결된다. 그런데 와이파이 역시 연결과정이 복잡하다. 일단 동의 버튼을 눌러야 하고 이메일로 별도의 확인을 거쳐야 한다.

가게마다 와이파이 아이디와 비밀번호를 공개해놓은 우리나라와는 달리 일본은 사장이나 종업원에게 해당 내용을 일일이 물어봐야 한다.

대체 왜 이런 사소한 부분까지 복잡하게 돌아가도록 하는지, 일본에 오랫동안 살았지만 여전히 일본인의 속을 알 수가 없다.

은행 업무는 간단할까? 천만의 말씀이다. 개인 통장 개설은 나름 간단한 편이다. 물론 어디까지나 일본 은행에서 기업 통장을 개설하는 것에 비교하면 그렇다는 것이다. 우리나라와는 비교조차 할 수 없이 번거롭다.

기업 통장 개설은 마치 고난도 게임을 클리어하는 듯한 느낌까지 받는다. 일본에서 기업 통장을 개설하러 은행을 방문했을 때, 몇백 번 이상 직원의 멱살을 잡고 싶은 충동을 참느라 힘들었던 기억이 아직도 선명하다. 수백 장에 달하는 각종 서류 준비는 물론 수차례 심사를 통과해야 하는 인고의 시간을 견뎌야 했다.

좁은 땅덩이 탓일까? 일본은 자가 차량을 이용하는 것도 너무 불편하다. 일본에서 차를 사려면 일단 주차장을 먼저 구해야 한다. 단독주택에 산다면 그나마 주차 비용을 아낄 수 있지만, 그렇지 않다면 별도의 주차장에 사용계약을 맺어야 한다. 과거에 비해 싸졌지만, 도쿄를 기준으로 주차비는 한 달 평균 3~5만 엔(약 30~50만 원) 수준이다. 참고로 과거 롯본기 등 고급 지역에서는 한 달에 무려 20만 엔(약 200만 원) 이상 비용이 책정됐을 정도로 일본 주차난은 말 그대로 '재난' 수준이다.

게다가 자동차세도 너무 비싸다. 매년 자동차 검사도 받아야 하는데, 역시 비용이 많이 들고 과정이 너무 복잡해 시간이 오래 걸린다. 그냥 하루 날릴 각오를 하는 게 마음이 편할 지경이다.

불편한 일상은 일본인의 불편한 사고방식 탓

지금까지 직접 겪은 일본 생활의 불편한 부분들을 소개했다. 그렇다면 이쯤에서 질문을 하나 던져보자.

"일본의 일상을 불편하게 만드는 건 무엇인가?"

여러 대답이 나오겠지만 나는 "일본인의 불편한 사고방식"이라고 생각한다. 수차례 언급했지만 일본인은 정말 특이한 민족성을 갖고 있다. 우리나라라면 돈을 주면서 하라고 해도 고사할 행동—모든 일을 일부러 복잡하게 만드는 것—을 당연하게 받아들인다. 나는 일본 이외에도 여러 나라에서 거주해봤지만, 일본처럼 불편을 감수하는 민족성은 경험해본 적이 없다.

반드시 정해진 절차를 밟아야만 하는 강박관념도 일본의 불편한 일상에 한 몫 거든다. 대학 교수 시절, 한 연구 프로젝트에 참가한 적이 있다. 교수 4명이 힘을 모아 학생 성적 평가 시스템을 체계적으로 디지털화하는 프로젝트였는데, '다른 대학 탐방'

일본 시민이 준법정신과 공중도덕을

대체로 잘 지키는 것은 사실이지만

특출한 정도는 아니다.

일본인의 질서 의식은

적극적인 시민이 가지고 있는

의무와 교양이라기보다는 역사적으로 형성된

순응주의에 기반을 두고 있는 것으로 보인다.

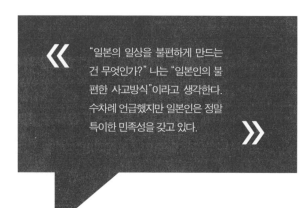

> "일본의 일상을 불편하게 만드는 건 무엇인가?" 나는 "일본인의 불편한 사고방식"이라고 생각한다. 수차례 언급했지만 일본인은 정말 특이한 민족성을 갖고 있다.

이나 '해외 선진 시스템 견학'과 같은 명목으로 몇 개월 동안 허송세월만 보냈다. 나는 참다못해 몇 날 며칠 밤을 새워 해당 프로젝트의 결과물을 만들어 가져갔다. 개인 인맥을 최대한 활용해 최신 미국 성적 평가 시스템을 일본에 맞게 새롭게 재가공한 프로그램이었다. 자화자찬은 아니지만 사전에 해당 프로그램은 외부 전문가들로부터 높은 평가를 받았다. 일부는 자신들의 조직에서 사용하겠다는 뜻을 밝히며 비용을 묻기도 했다.

그렇게 나는 외부 전문가들에게 긍정적인 평가까지 듣고 동료 교수들에게 결과를 공유했다. 하지만 "수고했다"는 격려의 말이 나올 거란 예상과는 달리 동료 교수들은 하나같이 나를 못

마땅하게 여겼다. 심지어 욕 비슷한 단어를 사용하기도 했다. 뒤통수를 망치로 맞은 느낌이었다.

'아, 이게 일본의 민족성이구나. 잘하는 것보다 실패하더라도 절차를 지키는 게 중요한 형식적인 성향을 갖고 있구나.'

이후 나는 개인 프로젝트가 아니면 참가를 꺼린다. 행여 공동 프로젝트에 참여하더라도 다른 사람들과 보조를 맞추는 데 더 신경을 써야 했다. 참 불편한 나라, 불편한 일 처리 방식이다.

나는 일본과 궁합이 잘 맞는 편은 아니라고 생각한다. 일본인 특유의 성향 탓에 일하면서 스트레스를 많이 받는다. 고백하자면 일본인과의 모든 업무 과정에서 짜증이 동반된다. 이메일로 의견을 교환하고 싶은데 굳이 팩스를 고집한다거나 몇 번씩 설득과 설명을 해도 모호한 답변으로 일관한다. 차라리 거절을 하면 다른 일에 집중하겠는데, 될 듯 말 듯 사람 애간장을 태우는 애매한 화법은 평생 익숙해질 수 없을 것 같다.

일본 맥킨지에서 일하는 미국인인 지인도 역시 마찬가지다. 몇 년 전부터 일본에서 일하는 그 친구는 나를 만날 때마다 "일본인들은 정말 바보다"라는 하소연을 풀어놓는다. 생각하는 방식, 일하는 방식이 자신의 상식과 조금도 겹치는 부분이 없다는 이유다. '어리석은 일본인', 미국인 친구의 신랄한 평가다.

반대로 사업자 혹은 경영인 입장이라면 일본인의 이러한 성향은 그야말로 축복일 것이다. 일본인은 한번 정한 절차를 결코 무시하지 않는다. 또한 불편하더라도 갑이 시키는 것은 목숨을 바쳐서라도 완수하려 노력한다. 마치 입력 내용을 그대로 출력하는 로봇처럼 윗사람의 지시에 절대복종하는 게 바로 일본인의 민족성이다.

나 역시 부업으로 작은 가게를 하나 운영하고 있는데 일본인의 성향이 도움이 될 때가 많다. 종종 가게에 들러 가게 안을 둘러보고 직원들에게 고쳐야 할 점을 꼼꼼하게 가르쳐주면 그대로 따르기 때문이다. 쉽게 말해 '시키면 무조건 한다'는 일본인의 성향은 고용인 입장에서는 퍽 고마운 일이다. 단, 지시는 반드시 정확하고 명확해야 한다. 두루뭉술하게 지시하면 차라리 하지 않느니만 못한 결과가 나오기 때문이다.

조심스러운 의견이지만, 나는 일본이야말로 공산주의에 가장 가까운 나라라고 생각한다. 누군가의 지시와 명령에 대해 무조건 복종하는 성향, 전체주의를 기본으로 한 각종 문화는 일본의 근간이 공산주의라는 확신을 갖게 한다. 어느 누가 일본의 불편한 일상을 자유민주주의라고 여기겠는가? 차라리 공산주의를 표방한다고 하면 전 세계 모든 사람이 고개를 끄덕일 것이다.

일본에서 살아가려면 성격이 둥글둥글해야 한다. 절대 모가 나면 안 된다. 아주 작은 모서리라도 튀어나온다면 조직에서 배척당하는 건 순식간이다. 일본에 개인은 없다. 조직을 무조건 우선시하는 문화와 민족성이야말로 일본이 굴러가는 가장 큰 바퀴인 까닭이다. 살기 불편한 나라, 일본의 불편한 진실을 마주해야 할 때다.

돈 없으면 살기 참 힘든 나라

돈이 없으면 최소한의 인간적인 삶을 유지하기 힘든 곳

우리가 살아가기 위해서는 반드시 '돈'이라는 경제활동의 정수가 필요하다. "유전무죄 무전유죄"라는 말로 대변되는 비뚤어진 경제 현실을 차치하고서라도 돈은 분명 경제주의 사회에서 인간이 인간답게 살아가기 위한 최소한의 조건이라고 할 수 있다.

이렇듯 돈이 경제생활에 필수라는 점에서, 일본은 국가를 구

성하는 대다수 서민들로서는 참 살기 힘든 나라다. 나날이 경제
가 불황으로 이어지는 일본의 현재 상황에서 현지 국민들의 원
성은 하늘을 찌를 만큼 격하다.

내가 직접 경험한 일본은 세계 그 어느 나라보다 돈 없이는 살
기 힘든 곳이다. "숨만 쉬어도 돈이 나간다"고 할 정도로 일본에
서는 모든 행보마다 일정 비용을 내야만 한다.

일본 여행 문화에서도 이를 쉽게 알 수 있다. 과거 경기가 좋
았을 때 일본인들은 해외여행을 많이 다녔지만 요즘은 국내여
행도 자제하는 분위기다. 국내여행에도 많은 비용이 들기 때문
이다. 그 배경에는 '비싼 고속도로 이용료'가 있다. 고속도로 톨
게이트에서 내는 금액이 턱없이 높다. 우리나라에 비해 많게는
10배 이상 비싼 구간도 존재한다. 그래서 국내여행을 떠날 때
국도를 고집하는 일본인도 많다. 여행조차 마음 편히 갈 수 없는
나라, 일본의 현실이다.

일본하면 떠오르는 이미지를 꼽으라면 '좁은 집'이라고 말하
는 사람도 여럿일 것이다. 일본은 강박적으로 공간을 최대한 효
율적으로 사용하려는 경향이 강하다. 우리나라와 달리 지진이
자주 발생하는 탓에 대부분의 건물이 낮아 실제 사용할 수 있는

공간이 많지 않기 때문이다. 공간이 부족한 일본의 주요 도심지 건물 임대료는 그야말로 상상을 초월하는 수준이다.

내가 도쿄에 있는 회사에서 약 1시간 거리인 가나가와현 지가사키茅ヶ崎에 있는 컨테이너를 창고로 사용하는 이유 역시 마찬가지다. 회사와 가까운 창고는 차마 빌릴 엄두조차 나지 않을 만큼 비싸서 차로 한 시간 정도를 달려야 하는 지역에 창고를 빌렸다. 현재 각각 한 달에 5천 엔(약 5만 원)을 주고 컨테이너 2개를 사용하는데, 같은 넓이의 창고를 도쿄에서 구하려면 최소 20배이상 비용을 내야 한다. 돈이 없는데 어쩌겠는가, 그저 몸이 고생할 수밖에.

일본 정부가 자랑스럽게 선전하는 '미세먼지 청정국가'라는 슬로건도 최근 들어 점차 의미가 퇴색하는 느낌이다. 물론 일본이 한국과 중국에 비해 미세먼지가 덜한 건 사실이다. 하지만 한국과 중국의 미세먼지가 편서풍에 실려 오는 날이면 도쿄를 비롯한 일본 전역이 뿌옇게 변한다. 몇 년 전부터 공기청정기를 구매하는 사람들이 늘어나는 추세도 점점 미세먼지가 심해지는 탓이다.

여담이지만 일본인은 미세먼지보다 꽃가루를 무서워한다. 특히 3~4월이면 꽃가루가 너무 심하게 날려 알레르기 환자가 속

일본은 강박적으로 공간을 최대한 효율적으로

사용하려는 경향이 강하다.

우리나라와 달리 지진이 자주 발생하는 탓에

대부분의 건물이 낮아 실제 사용할 수 있는 공간이

많지 않기 때문이다.

공간이 부족한 일본의 주요 도심지 건물 임대료는

그야말로 상상을 초월하는 수준이다.

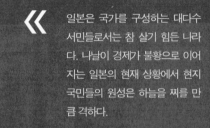

출할 정도다. "국민 2명 중 1명은 꽃가루 알레르기 환자"라고 말할 정도다.

꽃가루는 명백한 인재人災이자 대표적인 실패 정책의 결과로 손꼽힌다. 한국은 산림녹화를 시작할 때 여러 종류의 나무를 고루 심은 덕분에 꽃가루 문제가 크게 발생하지 않는다. 반면 일본은 화재에 강하고 올곧게 자란다는 이유로 목재 가치가 높은 '삼나무スギ'를 주로 심었다. 삼나무가 매년 봄이면 꽃가루를 뿜어내는 주요 창구가 된다는 사실을 미처 몰랐던 것이다.

이에 일본은 오래 전부터 유전자 조작을 통한 꽃가루 억제 프로젝트를 비롯하여 각종 정책을 시행하고 있지만 아직까지 근

나는 일본 탕 목욕 문화의 배경이

'청결함'에 있다고 생각했다.

하지만 일본인은 생각보다 청결하지 않다.

일본에서 탕 목욕 문화가 발달한 이유는 바로

비효율적인 난방 시스템 때문이다.

전기세가 높고 난방 시설이 미흡해서 따뜻한 물을 채운 욕조에

몸을 담그는 문화가 일반적으로 자리 잡은 것이다.

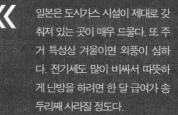

<blockquote>
일본은 도시가스 시설이 제대로 갖
춰져 있는 곳이 매우 드물다. 또 주
거 특성상 겨울이면 외풍이 심하
다. 전기세도 많이 비싸서 따뜻하
게 난방을 하려면 한 달 급여가 송
두리째 사라질 정도다.
</blockquote>

본 해결책을 마련하지 못해 매년 수많은 국민이 정부 정책 실패
의 피해자가 되고 있다.

일본에서는 내 한 몸을 따뜻하게 하는 데도 돈이 많이 든다. 일
본의 난방 시설이 굉장히 낙후되었다는 것은 일본인은 물론 현지
거주자라면 누구나 동의할 것이다. 우리나라처럼 도시가스 시설
이 제대로 갖춰져 있는 곳이 매우 드물다. 설상가상으로 단독주
택이 많은 일본 주거 특성상 겨울이면 외풍이 굉장히 심하게 들
이닥친다. 전기세는 또 얼마나 비싼지 따뜻하게 난방을 하려면
한 달 급여가 송두리째 사라질 정도다.

일본에서는 '탕 목욕 문화'가 일반적이다. 매일 탕에 따뜻한

물을 가득 채워 목욕을 하는 문화가 발달한 것이다.

나는 시간이 오래 걸리고 과정이 복잡한 일본 탕 목욕 문화의 배경이 '청결함'에 있다고 생각했다. 하지만 일본인은 생각보다 청결하지 않다. 지금까지 점심시간에 양치를 하는 일본인을 본 적이 없다. 한국인은 점심식사 후 너도나도 양치를 하는 데 반해 일본인은 곧바로 업무에 들어간다. 여름철 대중교통을 이용할 때면 땀으로 범벅이 돼 매캐한 체취를 풍기는 사람들 때문에 눈물이 날 정도다.

일본에서 탕 목욕 문화가 발달한 이유는 바로 비효율적인 난방 시스템 때문이다. 전기세가 높고 난방 시설이 미흡해서 따뜻한 물을 채운 욕조에 몸을 담그는 문화가 일반적으로 자리 잡은 것이다. 비싼 난방 비용을 감당하지 못해 선택한 궁여지책이다. 누군가 목욕을 마치고 나오면 "이제 몸이 따뜻해졌어?"라고 묻는 것도 같은 맥락이다.

일본은 세계적으로도 손꼽히는 고물가 나라 중 하나다. 물론 아주 저렴한 프랜차이즈 덮밥집 같은 곳도 있지만 괜찮은 일본 레스토랑에서 한 끼 식사를 하는 비용을 원화로 계산해보면 깜짝 놀랄 정도로 비싼 경우가 많다. 2019년 현재는 한국의 일본 불매운동으로 인해 순위가 '떡락급격한 하락'했지만, 지난해까지 '한국인이 선호하는 연휴 관광지 1위'에 선정된 오사카에서는 150그램도 안 되는 스테이크 한 덩이를 무려 4천 엔(약 4만 원)에 팔고 있을 정도다. "시간만 있으면 유럽을 가겠다"는 볼멘소리가 나오는 이유다.

경제주의를 채택하고 있는 나라는 모두 마찬가지겠지만, 일본은 특히 돈이 없으면 최소한의 인간적인 삶을 유지하기 힘든 곳이다. 돈으로 생활의 질이 결정되는 일본인들이 새삼 안타까워지는 순간이다.

도박천국 일본

한탕주의를 표방한 도박의 성행

일본은 명실공히 전 세계 최고 '도박공화국'으로 유명하다. 기껏해야 강원랜드 정도밖에 없는 우리나라로서는 상상도 못할 만큼 일본인의 일상 곳곳에는 도박이 뿌리 깊게 박혀있다.

일본은 과연 어느 정도로 도박이 만연해 있을까? 이는 객관적 수치만으로도 충분히 알 수 있다. 카지노로 유명한 마카오의 연 매출액은 20~30조 원이다. 천문학적인 규모지만, 일본에 비해서는 새 발의 피에 불과하다. 심지어 일본 도박 관련 시장은 전 세계 카지노 전체의 1년 매출액인 180조 원을 훌쩍 뛰어넘는다.

그렇다면 과연 일본 도박 시장의 규모는 어느 정도일까? 일본에서 가장 큰 시장을 형성하고 있는 BIG 4파친코, 경마, 경륜, 경정만 따져도 연 매출 250조 원을 기록하고 있다. 우리나라 1년 예산의 절반에 해당하며 스위스의 1년 예산을 훌쩍 뛰어넘는 어마어마한 수치다.

이 중 부동의 1위를 차지하고 있는 파친코는 수십 년 간 쇠퇴기를 거치며 2만 여 개에 이르던 점포가 1만 2000개로 줄었지만 여전히 200조 원 이상 매출을 기록하고 있다. 특히 일본은 카지노나 파친코에서 사용하는 기계인 EGMElectronic Gaming Machine의 세계 점유율을 60% 이상 유지하고 있다. 일본 국민은 물론 관광객조차 한 번쯤은 시장이나 상점가에서 흔히 볼 수 있는 파친코에 방문한 경험이 있을 것이다. 우리나라에서는 오직 정선이라는 강원도 오지의 한 공간에서만 즐길 수 있는 도박이 일본에서는 일상에 불과하다.

일본 도박 시장의 BIG 4를 조금 더 자세히 살펴보자. 시장 규

일본 내의 파친코는 방송이나 심지어는 일상에서도

쉽게 접할 수 있을 정도로 일본인들의 삶에 깊숙하게 침투했다.

> 카지노로 유명한 마카오의 연 매출액은 20~30조 원이지만, 일본에 비해서는 새 발의 피에 불과하다. 심지어 일본 도박 관련 시장은 전 세계 카지노 전체의 1년 매출액인 180조 원을 훌쩍 뛰어넘는다.

모가 두 번째로 큰 경마는 전국에 경기장이 25개가 있고, 연 매출 26조 원을 올리고 있다. 보트 레이스를 하는 경정은 전국에 24개 경기장에서 연 매출 13조 원을 기록하고 있으며, 사이클 레이스를 하는 경륜은 벨로드롬 경기장이 전국에 44개가 있고 연 매출 5조 원 규모를 자랑한다.

물론 이외에도 수많은 도박이 성행하고 있지만, 그 특성상 정확한 시장 규모를 파악할 수 없다. 다만 일각에서는 음성적인 도박 시장 규모 역시 BIG 4에 버금갈 정도라는 의견을 내놓을 만큼 일본에서 도박은 거대한 산업으로 굳건히 작동하고 있다.

일본의 도박 규모도 놀랍지만 중독자 관련 수치는 경악할 정도다. 2013년 후생노동성의 조사에 따르면 일본 도박 중독자 숫자는 536만 명에 이르는 것으로 나타났다. 일본 성인의 4.8%가 도박 중독자라는 결론이다. 전 세계적으로도 압도적인 1위다. 참고로 일본에 이은 2위는 미국이 차지하고 있는데 1.58%로 일본의 3분의 1 수준이다. 더욱 심각한 사실은 도박 중독자 수가 증가 추세를 보인다는 점이다.

나는 오랫동안 일본 사회에 만연한 도박에 관해 연구를 지속했다. 여러 자료를 찾아보고 전·현직 도박 산업 관계자들을 인터뷰하는 등 다각적인 노력을 기울였지만 아직도 명확한 답을 찾지 못했다.

무엇보다 굉장히 신중하고 조심스럽게 판단을 내리는 국민성을 가진 일본에서 한탕주의를 표방한 도박이 성행한다는 사실이 도통 이해가 가지 않았다.

오히려 도박 산업이 발달할 가능성이 높은 건 한국이다. 강원랜드는 문턱이 닳도록 연일 손님들로 인산인해를 이루고 명절이면 가족끼리 고스톱을 치며, 심지어 장례식장에서도 화투를 구비할 정도로 도박을 즐긴다.

정부 정책을 비롯한 여러 요인이 있겠지만, 다행히 한국은 일본과 달리 도박을 상당히 규제·제한하고 있다.

나는 일본 도박의 현재가 '제2차 세계대전'과 맞닿아있다고 나름대로 결론을 내렸다. 일본이 전쟁에서 패배하고 미국 맥아더 장군이 일본에 상륙하는 동시에 GHQGeneral Headquarters라는 이름의 연합군 최고 사령부가 설치되었다. 이후 GHQ에서는 일본 우민화 정책으로 여러 가지 방안을 내놓는데 그 중 '3S 정책'이 일본에 도박이 만연해진 역사와 관련이 있다.

3S는 'Sex, Sports, Screen'을 의미하는데, 스크린에는 영화나 드라마뿐만 아니라 그 외 모든 오락도 포함된다. 즉, 도박 역시 3S 정책의 핵심 중 하나였던 것이다.

미국의 3S 정책이 본격적으로 시행되자 일본인은 한층 더 국가에 순응하게 됐다. 도박을 유연하게 받아들인 것 역시 같은 맥락이다. 패전 후 어떤 방식으로든 경제를 살려야 했기에 국가 차원에서도 도박을 장려할 수밖에 없었다. 이래저래 도박 산업이 발전할 수밖에 없는 상황이었다.

한 가지 놀라운 점은 200조 원에 이르는 일본 파친코 시장의 90% 이상을 점유하고 있는 게 바로 재일교포들이라는 사실이다. 일제강점기 시대에 일본으로 건너간 사람들로부터 역사가 시작된 재일교포는 직업을 선택할 때 제한을 받았다. 공무원은 물론이고 대기업은커녕 작은 기업에 취직하는 것도 낙타에게 바늘구멍처럼 극도로 힘들었다. 생존을 고심하던 재일교포들은 선택의 여지없이 파친코 업계에 뛰어들었다. 소프트뱅크 창업자인 손정의 집안도 파친코를 경영했다. 당시 대다수 재일교포들은 주로 직업 선택의 제한 때문에 파친코를 비롯해 대부업, 연예계, 스포츠 등 일반적이지 않은 직업을 울며 겨자 먹기로 선택할 수밖에 없었다.

그런데 당시 재일교포들의 불가항력적인 파친코 업종 선택은 현재 아이러니한 상황으로 이어졌다. 파친코 사업으로 막강한 재력을 거머쥔 일부 재일교포들은 새로운 종교단체인 창가학회를 만들었고, 이를 기반으로 이후 공명당 창당에까지 이른 것이다. 현재 공명당은 일본 보수정당인 자민당과 연립정권을 세워 막강한 권력을 자랑하고 있다.

일본 우익이 한국과 재일교포를 싫어함에도 불구하고 결코 무시할 수 없는 이유가 바로 여기에 있다. 미군의 우민화 정책과 재일교포의 불가피한 파친코 산업 투신이 비정상적인 현재로 이어진 모양새다.

일본에서 도박 산업은 결코 사라지지 않을 것이다. 중독과 같은 위험성 여부를 떠나 일본 경제 자체를 지탱하는 기둥 중 하나인 까닭이다. 분명한 것은 일본의 도박 산업에서 우리나라가 배울 점은 단 하나도 없다는 사실이다.

일본 도박 산업을 보면 일본인이 그다지 현명하지 않다는 느낌을 받는다. 자신들의 일상을 좀먹는 산업으로 나라 경제를 부흥시키려는 일본 정부의 시커먼 속내를 국민들이 눈치채지 못한다는 게 오히려 이해가 되지 않을 정도다. 오늘도 소중한 시간을 도박으로 낭비하고 있는 주제에, 하루하루 충실히 살아가는 한국인에 대해 부정적인 의견을 내놓는 게 그저 우스울 뿐이다.

일본인에게만 있는 정신질환

수십만 명의 적보다 무서운 것은 무능한 지휘관이다

'천태만상'이라는 사자성어가 있다. 천 가지 형태와 만 가지 모양을 뜻하는 이 사자성어에 가수 신신애의 히트곡 '세상은 요지경'을 붙이면 일본을 가장 잘 표현하는 문장이 완성된다.

"천태만상 일본은 요지경."

일본에서는 일반 상식으로는 이해할 수 없는 기묘한 일이 일상처럼 일어난다. 엽기적이고 충격적인 범죄 순위를 매긴다면 아마 일본 범죄자가 꽤 큰 비중을 차지할 것이다.

일본만의 독특한 종족 특성은 한마디로 규정할 수 없다. 이번에는 일본인만이 갖고 있는 정신질환을 통해 일본의 종족 특성을 알아보고자 한다. 전 세계에서 오직 일본에만 존재하는 정신질환이다.

첫 번째는 일본인의 허세를 엿볼 수 있는 '파리증후군'이다. 일본의 오타 교수가 1991년 출간한 《파리증후군パリ症候群》이라는 책에서 처음 등장한 정신질환으로, 20~30대 일본 부유층 여성을 중심으로 발병했다고 한다.

파리증후군은 프랑스 파리에 대해 막연한 환상을 가진 일본인이 실제로 파리를 방문해 현실을 접한 뒤 충격을 받아 생긴 정신적 장애를 의미한다. 샹젤리제, 에펠탑, 센강, 와인, 치즈, 향수, 각종 명품으로 대표되는 이미지로 많은 일본인이 파리에 대한 환상을 키웠고, '파리는 세계 최고의 도시'라는 결론에 도달했다. 에펠탑이 보이는 고급 레스토랑에서 프랑스 남자 또는 여

많은 일본인이 프랑스를 좋아하고 여행지로 선택한다.

또 일본에서 프랑스에 관련된 것은 고상하고 낭만적인

이미지로 통용된다. 하지만 막상 프랑스에 가서

자신의 동경과는 전혀 다른 현실을 보고 그 괴리를

받아들이지 못하는 사람도 많다.

자와 함께 근사한 프랑스 요리에 비싼 와인을 곁들이는 장면은
대다수 일본인이 가진 꿈이었다.

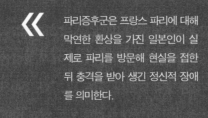

파리증후군은 프랑스 파리에 대해 막연한 환상을 가진 일본인이 실제로 파리를 방문해 현실을 접한 뒤 충격을 받아 생긴 정신적 장애를 의미한다.

일본뿐만 아니라 전 세계 사람들에게 프랑스 파리의 이미지는 고급스럽고 예술적이며 낭만적이고 아름다운 도시일 것이다. 하지만 직접 가보면 상상과는 사뭇 다른 모습을 발견할 수 있다.

향수와 치즈 향기 대신 역겨운 오줌 냄새와 하수구 냄새가 가득하고 너나 할 것 없이 길거리에서 거리낌 없이 담배를 피우는 탓에 눈이 따끔거릴 지경이다. 도시 곳곳에 쓰레기 더미가 쌓여 있고, 위협하는 말투와 몸짓으로 무장한 홈리스 때문에 해가 저물면 밖을 나가지 못한다.

일본인들이 이런 충격적인 파리의 현실을 받아들이지 못해서 생긴 정신질환이 바로 파리증후군이다.

파리증후군을 학술적으로 풀이하면 '특정 문화에 대한 적응 장애'로 해석할 수 있다. 환상 속 세계 최고의 도시에서 받은 문화 충격, 부정적 의미의 '컬처 쇼크'다. 1991년 출간 후 2004년 논문으로 등록될 만큼 유례를 찾기 힘든 사례였다. 당시에는 일본인만이 가지고 있는 특정 증후군으로 학회에 등록됐다.

일본인 스스로 만든 환상이 깨졌을 때 나타나는 정신질환의 대표격인 파리증후군은 그들이 가진 허세와 편견, 고정관념이 얼마만큼 심각한지를 증명한다.

두 번째는 이름도 슬픈 '남편 재택 스트레스 증후군'이다. 평생 가족을 위해 헌신한 가장의 은퇴는 슬픔보다는 감사하는 마음이 앞서야 할 것이다. 하지만 일본 가정의 아내들은 그렇지 않은 모양이다. 1986년 구로카와 노부오라는 일본 내과의사가 처음으로 발표한 '남편 재택 스트레스 증후군'은 은퇴 혹은 실직한 배우자가 집에 계속 있을 때 여성이 월경불순, 두통, 우울증, 불면증, 부정맥, 고혈압 등을 겪는 증상이다. 또한 경제적 활동을 멈춘 남편이 집에 있을 때 아내가 받는 정신적 스트레스는 매우 심각한 수준이라고 한다.

일본 가정의 남편은 전통적으로 가부장적 성향이 강했다. 물론 최근에는 많은 부분에서 긍정적인 변화가 감지되고 있지만 여전히 대다수 남편은 고리타분하고 일 중심의 일상을 반복하고 있다. 특히 과거 일본 남성은 집을 주거 공간이 아닌 휴식 공간으로 여기는 경향이 강했다. 쉽게 말해 '집은 일을 한 뒤 잠시 잠만 자는 곳'으로 여긴 것이다. 밖에서 보내는 시간이 길수록 자연스럽게 가족과 추억을 공유할 기회가 적어졌다. 서로 별개의 범주에서 살아가는 일상이 익숙해질 때쯤 가장이 은퇴나 실직을 하면 평화로운 가정에 불청객이 굴러 들어온 꼴이 되었다.

나 역시 한 가정의 가장으로서 퍽 슬픈 이야기다. 평생 가족을 위해 노력했음에도 불구하고 돌아오는 것은 냉대와 불편함뿐이니 스스로 삶이 초라해짐을 견딜 수 없으리라.

아내는 아내대로 불만이다. 자신이 구축한 평화를 남편이 일방적으로 깬 모양새이기 때문이다. 가족을 위한 헌신과 희생이 잘못된 길을 돌고 돌아 끝내 가족의 정신질환으로 이어지는 일본 가정 특유의 악순환이 안타까울 따름이다.

세 번째는 최근 내가 직접 들은 사례다. 지인 중에 정신과를 운

영하는 일본 전문의가 한 명 있는데, 최근 새로운 유형의 정신질
환 환자 다수가 병원을 방문한다는 사실을 전했다.

빠른 승진 혹은 직책 상승으로 일반 직원에서 관리자나 책임
자가 된 직장인들이 극심한 스트레스를 호소하고 있다는 내용
이다. 정리하면 '갑작스러운 승진 탓에 주어지는 업무에 대한
스트레스 증후군'이라고 할 수 있다.

이런 정신질환을 겪는 사람은 자신이 무언가 책임을 져야 하는
자리와 상황을 극도로 싫어한다. 때문에 그들에게 승진은 축하받
을 일이 아닌 피해야만 하는 가시굴레인 셈이다. 물론 결국 회사
의 뜻을 거스를 수 없어 승진을 받아들이지만, 본격적인 문제는
이후에 발생한다. 학교 가기 싫은 중·고등학교 학생처럼 회사 출
근이 마냥 두렵고 나아가 스트레스가 된다. 심각할 경우 우울증
을 얻거나 대인기피증까지 생긴다고 한다. 회사에 대한 거부감을
견디지 못한 사람들이 마지막 수단으로 정신과를 찾는 것이다.

나는 물론 대다수 한국인 입장에서는 쉬이 이해가 가지 않을
것이다. 직장생활의 성적은 결국 승진으로 귀결되기 마련이고,
승진이 곧 급여 증가로 이어지는 것이 직장 구조다. 그런데 오랫
동안 제자리에 머물기 바라는 일본인의 종족 특성은 우리 정서

와는 도무지 맞지 않는다. 우리나라 직장인이라면 오히려 승진이 늦는다고 불만을 토로했을 상황에서, 일본 직장인은 제발 승진 좀 시키지 말아달라고 하소연하는 아이러니한 대치 구도가 형성되는 것이다.

정신과 전문의의 기록에 따르면 이런 종류의 정신질환은 10년 전까지는 없었다고 한다. 불과 4~5년 사이에 급격한 증가세를 보이고 있다는 설명이다. 나는 해당 정신질환의 배경이 '유토리 세대'에 있다고 생각한다. 현재 일본에서 관리직 기준으로 삼는 과장의 위치에 있는 사람들은 대부분 30대 초·중반이다. 이들은 과거와 달리 주입식 교육을 받지 않고 성공을 강요당하지 않았기 때문에 자연스럽게 대다수가 현실에 안주하는 성향이 있다.

전문가마다 차이는 있지만 보통 유토리 세대는 1987~2003년 생까지를 가리킨다. 앞서 언급한 30대 초·중반에 해당하는 세대는 이른바 '유토리 1세대'로 앞으로 이러한 정신질환 환자가 더욱 늘어날 것이란 전망이 가능하다.

관리직에서 리더십을 발휘해야 하는 유토리 세대는 일본의 어두운 미래와 맞물려 책임감을 갖길 꺼린다. 일본 전체 경제가 불황인 현실에서 자신이 열심히 일할 이유를 찾지 못하는 것이다.

실제로 정신과 전문의를 찾은 수많은 유토리 세대는 "나라의 내일도 장담하지 못하는데 내가 열심히 일해봤자 적절한 보상이 있을 것으로 생각하지 않는다"와 같은 호소를 늘어놓는다고 한다.

지인의 병원을 찾아가 환자들의 고민을 논의해본 적도 있다. 그들이 느끼는 일본의 미래는 별빛 한 점 없는 캄캄한 밤하늘과 다름없었다. 승진을 거부하는 일본의 현재는 더 나빠질 미래의 전조라는 생각을 해본다.

일본인의 '매뉴얼 강박증'도 앞의 내용과 연결되는 부분이다. 일본인은 주어진 매뉴얼을 그대로 시행해야 한다는 강박증이 있다. 이를 직장으로 확대하면 상사의 지시나 명령은 목숨을 걸고 그대로 수행해야 하는 '미션'이나 마찬가지인 것이다.

일본인의 매뉴얼 수행 능력은 감탄스러울 정도다. 설명서만 있으면 전자기기 조립부터 능숙한 사용까지 외부 도움 없이 본인 스스로 해결할 수 있다.

그래서인지 일본인은 스스로 만든 매뉴얼, 즉 계획에 따라 움직이는 걸 좋아한다. 대부분의 직장에서도 계획을 세우고 프로젝트를 진행하는 걸 선호한다. 순차적인 계획에 따라 일을 진행하면 성공 확률이 높다는 믿음이 있는 것이다.

반대로 임기응변 능력은 턱없이 부족하다. 갑작스럽게 사고가 터지면 굉장한 패닉 상태에 빠지고 만다. 직장에서 진행하던 프로젝트가 조금이라도 삐긋하면 어디서부터 손을 대야 할지 모를 정도로 좌초되는 일이 흔하다.

일본인의 이러한 특성은 책임을 지고 싶지 않은 일본인의 성향이 곧 '시키는 일이라도 완벽하게 수행해야 한다'는 강박증으로 이어진 까닭이다. 계획이 전제될 때 비로소 힘을 받는 일본을, 무계획·무대포無鉄砲의 대명사인 아베가 이끌고 있다는 사실이 새삼 우스울 뿐이다.

일본 특유의 '메이와쿠迷惑 문화' 역시 강박증의 일종이다. '타인에게 결코 폐를 끼치지 않겠다'는 강박관념을 기반으로 하는 메이와쿠 문화는 일본인의 의식 가장 깊은 곳에 있다. 일본인은 일어나는 순간부터 잠들 때까지, 심지어 꿈속에서도 남에게 폐를 끼치지 않으려고 노력하는 것 같다.

수년 전 일본인이 중동 무장테러단체에 납치된 영상이 공개된 적이 있다. 그런데 납치 당사자인 일본인은 영상에서 입이 자유로웠음에도 불구하고 "도와주세요"나 "구해주세요"와 같은

말로 도움을 요청하지 않았다. "폐를 끼쳐서 죄송합니다"라는
말을 반복할 뿐이었다.

나는 해당 영상을 보고 온몸에 소름이 돋았다. 자신의 목숨이
경각에 달린 상황에서도 일본 국민에게 폐를 끼쳤음을 사과하
고 있다니!

하지만 이렇듯 자국민에게 폐를 끼치는 걸 극도로 조심하는
일본인이 정작 큰 잘못을 한 우리나라에게는 단 한마디 진심어
린 사과조차 하지 않는 이중성을 보인다.

자신들만의 세계에 빠진 채 다른 나라에 대한 배려와 사과는
'아웃 오브 안중'으로 여기는 것이다. 심각한 정신질환이 아닐
수 없다. '내로남불'과 꼭 맞아떨어지는 일본 특유의 정신질환
의 빠른 호전을 기대해본다.

네 번째는 '변태'로 압축되는 각종 정신질환을 꼽을 수 있다.
일본은 명실공히 변태가 가장 많은 나라로 인정받는다. 나 역시
일본에 살면서 확실히 실감하는 부분이다. 일반적인 성도착증
부터 일반인은 결코 납득하지 못하는 수많은 기형적 성 취향이
존재한다. 특히 대학교수, 의사, 변호사 등 전문직 종사자들 사

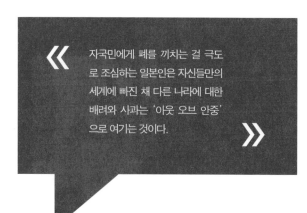

자국민에게 폐를 끼치는 걸 극도로 조심하는 일본인은 자신들만의 세계에 빠진 채 다른 나라에 대한 배려와 사과는 '아웃 오브 안중'으로 여기는 것이다.

이에서 변태적 성향이 자주 나타난다.

그나마 가장 평범한 변태가 '팬티 도둑'이라는 것만 봐도 알 수 있다. 일본 유학을 다녀왔거나 짧게라도 현지에 거주했던 여성이라면 한 번쯤 팬티를 도둑맞은 경험이 있을 정도로 흔한 종류의 변태다. 이런 팬티 도둑들 탓에 일본 여성은 속옷을 맘 편히 빨래 건조대에 널지도 못하고 다른 빨래들 사이에 깊숙이 숨기듯 널어야 한다. 더욱 무서운 사실은 이들이 별다른 특징이 없다는 것이다. 사람 좋아 보이는 미소를 띠며 쾌활하게 인사하는 옆집 훈남이 팬티 도둑일 수 있다. 여자 입장에서는 잠재적 변태들 사이에서 스스로를 지켜야 하는 숙명을 지고 있는 셈이다.

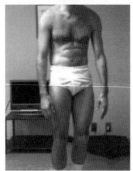

무서운 사실은 팬티 도둑들은 별다른 특징이 없다는 것이다.

사람 좋아 보이는 미소로 인사하는 옆집 훈남이 팬티 도둑일 수 있다.

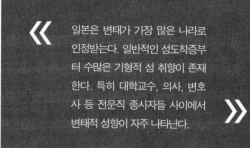

일본은 변태가 가장 많은 나라로 인정받는다. 일반적인 성도착증부터 수많은 기형적 성 취향이 존재한다. 특히 대학교수, 의사, 변호사 등 전문직 종사자들 사이에서 변태적 성향이 자주 나타난다.

그나마 이런 가벼운(?) 변태는 어느 정도 참을 만하다. 하지만 일본에는 강력범죄에 버금갈 만큼 심각한 변태적 성향이 일상에 퍼져 있다. 여성 인권뿐 아니라 안전까지 바닥인 나라, 일본의 부끄러운 민낯이다.

다섯 번째는 일본인의 모호한 태도와 복잡한 것을 좋아하는 성향을 꼽을 수 있다. 일본인을 한마디로 설명하라면 나는 '세모△'를 첫손에 꼽을 것이다. 어떤 질문이든 모호하게 대답하는 게 습관화돼있기 때문이다.

일본인은 어떤 상황에서든 곧바로 확답을 주지 않는다. 수십

번 반복하여 충분히 설명해줘도 "검토해보겠다"는 대답만 돌아
온다. 일본인과 사업을 하다보면 화병이 날 지경이다.

나중에 알게 된 사실이지만 일본인의 "검토해보겠다"는 말은
사실 "NO"라는 뜻을 돌려 표현한 것이라고 한다. 이러한 모호한
태도는 비단 사업에 국한되지 않는다. 일본인은 어떤 상황에서도
에둘러 말한다.

예컨대, "A라는 여성을 어떻게 생각하느냐"는 친구의 질문에
"아……, 그 여자를 내가 음…… 좋아한다고 하는 것은 좀 무리가
있을 거 같지만……그렇다고 싫은 건 아니고……아직 잘 모르겠
어"라는 식의 속 터지는 대답을 내놓는 것이 일본인의 종족 특
성이다.

이러한 성향만으로도 답답한데, 일본인은 쓸데없이 '복잡한
것'을 좋아한다. 좀 더 정확하게 말하면, 간단한 것도 복잡하게
만드는 희한한 재주가 있다.

일본인은 대체 왜 이러는 것일까? 아무리 생각해도 나는 정확
한 이유를 알 수 없다. 다소 무책임하게 보이겠지만, 일본인 특
유의 종족 특성 이외에 이유를 찾을 수 없다. 다만 상대방 속 터

지기 딱 좋은 일본인의 종족 특성은 정신질환의 일환이라는 의견을 조심스럽게 덧붙이겠다.

지금까지 설명한 일본인의 성향은 전 세계 어디에서도 같은 사례를 찾아보기 힘들다. 오직 일본에만 있는 정신질환이라고 표현해도 무방할 정도다.

한편으로는 일본인이 참 불쌍한 민족이라고 생각한다. "수십만 명의 적보다 무서운 것은 무능한 지휘관이다"라는 말처럼 국민이 원치 않는 최악의 인물이 정권을 잡은 까닭이다. 아베가 정권을 유지하는 한 일본의 정신질환 환자는 결코 감소세로 돌아서지 못할 것이다. 그저 한 명의 인간으로서 일본인의 힘겨운 현재와 암울한 미래에 유감의 뜻을 전하고자 한다.

여성을 위한 일본은 없다

일본인의 인권유린 사태는 비단 여성에게만 국한되지 않는다

전 세계에서 유일하게 3대 정권세습에 성공한 북한을 비롯해 아
프리카와 중동 일부 나라는 최악의 인권침해 국가 순위에서 항
상 최상위권을 차지한다. 특히 북한은 '아오지탄광'으로 대표되
는 수많은 인권침해 행위를 공공연하게 자행하는 국가로 인식
된다.

이러한 최악의 인권침해 국가들과는 반대로 국내총생산GDP 세계 3위인 일본은 대외적으로 자국민의 인권보장이 철저한 국가로 비친다. 하지만 내가 직접 경험한 일본인, 그 중에서도 여성과 장애인 등 사회적 약자에 대한 인권은 세계 최악이라 평가해도 무방할 정도로 형편없다.

일본하면 떠오르는 많은 이미지 중 하나인 'AV Adult Video 성인비디오'만 봐도 일본 여성의 인권이 바닥에 떨어져 있다는 사실을 알 수 있다. 물론 AV업계에서 활동하는 배우 중에는 스스로 해당 직업을 선택한 경우도 많다.

하지만 인터넷이 널리 퍼지기 전과는 달리 전 세계 어디에서든 온라인으로 콘텐츠 대부분을 접할 수 있는 현재에는 AV업계에 투신하는 배우 수가 현저히 줄고 있다. 국가 차원의 묵인과 지속적인 민간 자본의 투입으로 세계 최고 AV 강국으로 우뚝 선 일본 입장에서는 곤란하기 그지없는 상황이다.

"궁지에 몰리면 쥐도 고양이를 문다"는 말처럼 신인배우 수급이 어려워진 AV업계는 불법에 가까운 방법으로 동영상을 제작하기 시작했다. AV업계의 파렴치한 수법은 다음과 같다.

이른바 'AV 스카우터'는 사회경험이 전혀 없는 17 ~ 18세 어

일본의 여성학자 우에노 치즈코가 쓴 《여성혐오를 혐오한다》를 보면

일본의 정치·사회·문화 전반에 걸쳐 여전히 여성은 열등하고

남성에게서 배제돼야 한다는 생각이 팽배하다는 사실을 알 수 있다.

린 학생들에게 접근해 그들에게 '모델' 혹은 '연예인'을 빌미로
계약을 종용한다. 한창 꿈이 많을 나이인 여고생은 달콤한 제안에
속아 해당 회사와 영업위탁 계약을 체결한다. 이후 여성은 성인이
되기 전까지 '그라비아'와 같이 일정 수준 노출이 동반되지만 인

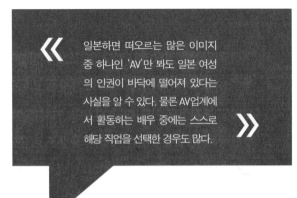

일본하면 떠오르는 많은 이미지 중 하나인 'AV'만 봐도 일본 여성의 인권이 바닥에 떨어져 있다는 사실을 알 수 있다. 물론 AV업계에서 활동하는 배우 중에는 스스로 해당 직업을 선택한 경우도 많다.

지도를 크게 높일 수 있는 '일반적인 일'을 한다. 참고로 그라비아는 일본 내에서도 제법 인기 있는 스테디셀러 콘텐츠로 해당 매체 출연 경력이 있는 여성은 나름 인지도를 갖게 된다.

여성들은 그라비아 출연을 비롯해 각종 창구를 통해 연예계 활동을 하며 금세 톱스타 반열에 오를 것을 꿈꾼다. 하지만 그들의 착각은 어디까지나 미성년자 신분일 때까지다. 교복을 벗고 법적으로 성년이 된 당일부터 회사는 여성에게 AV 출연을 강요한다. 여성은 어리둥절해 하며 요구를 거절하겠지만, 자신의 사인과 도장이 찍힌 계약서에는 "성인이 된 후 AV에 출연한다"는 항목이 버젓이 적혀있다. 해당 문구 뒤에는 "이를 어길 시 거액의 위약금을 지급해야 한다"는 문장도 덧붙여 있다. 깨알같이 적힌 수십 장의 계약서를 제대로 읽지 않고 사인을 한 과거를 원망하고 후회해도 이미 지난 일이다. 여성은 결국 원치 않는 AV 출연에 나설 수밖에 없다. 우리나라 돈으로 수억 원에 달하는 위약금을 낼 능력도 되지 않을뿐더러, 이 같은 일이 가족이나 주변 지인들에게 알려지길 원치 않는 까닭이다.

설사 강력하게 출연을 거부하며 위약금을 내겠다고 말하더라도 상황은 달라지지 않는다. 아니, 오히려 상황은 더 나빠질 따름이다. 여성이 거절과 위약금 지급 의사를 밝히면 말 그대로 '성범죄'와 다름없는 강제 촬영이 시작되기 때문이다. 남성 여러 명이 여성을 힘으로 제압해 성관계를 갖거나 물리적인 협박으로 출연을 강요하는 식이다.

이렇게 강제로 AV에 출연한 여성들의 인생은 송두리째 무너진다. 심지어 AV 배우로서 회사와 노예계약을 맺고 평생토록 원하지 않는 영상을 촬영해야 하는 경우도 허다하다.

이외에도 남자친구가 빚 대신 여자친구를 AV업계에 떠넘기거나, 여성이 진 빚이 높은 이자 탓에 과도하게 불어나 본인 스스로 AV에 출연하는 경우도 있다.

AV업계 관계자들이 뱀과 같은 교활함으로 일본 여성의 일상을 무너뜨리고 있는 것이다. 이러한 불법적 행위는 후유증도 심각하다. 강제로 AV 촬영을 한 여성은 온라인에 떠돌아다니는 영상 탓에 일상생활조차 할 수 없다. 전 재산을 들여 영상을 지워도 어느새 또 다시 온라인에 자신의 영상이 업로드된다. 결혼이나 연애는 언감생심이고 타인과의 아주 작은 관계 형성도 불가능해진다. 아무것도 모르는 10대 청소년을 대상으로 한 어른들의 비열한 돈벌이 방식은 그 이상으로 처벌받아야 할 것이다.

다행히 최근에는 이러한 AV업계의 불법적 행위가 사회적 문제로 대두되며 이를 막고자하는 움직임이 감지되고 있다. 지난해 도쿄지방재판소는 프로덕션과 탤런트 허위계약을 맺은 후 AV 촬영을 강요당한 여성이 출연을 거부한 사건에 대해 위약금을 지급하라는 회사 측 청구를 기각한다는 판결을 내렸다. 국가에서 여성 인권의 마지노선을 지켜준 것이다. 이외에도 다각적인 방법을 통해 AV업계의 잘못된 관행을 뿌리 뽑으려는 시도가 이어지고 있다. 한 인간의 인격을 말살시키는 AV업계의 불법적 행위는 반드시 근절해야 한다.

전 세계적으로 남녀평등이 당연해진지 오래지만 일본의 현실은 이러한 시대적 흐름에 역행하는 모양새다. AV업계의 불법적 행태가 단순한 사기에 가까웠다면 일본 의회에서 벌어진 한 사건은 일본 남성이 여성을 근본적으로 무시하는 현실을 보여준다.

여성이라는 이유로 야유받은 정치인의 눈물

일본 도쿄도 의원인 시오무라 아야카는 위원회에서 여성의 임신과 출산에 대한 의견을 말하는 도중 남성 의원들에게 집중적인 야유 세례를 받았다. 다른 남성 도의원들이 "그렇게 남자가 좋으면 너나 결혼해라", "그 나이에 임신은 가능하냐?"와 같이 선을 넘은 야유를 퍼부은 것이다. 결국 시오무라 아야카는 자신이 준비한 것을 모두 풀어내지도 못하고 눈물을 흘리며 단상에서 내려올 수밖에 없었다.

이후 시오무라 아야카는 자신의 트위터에 "여성으로서 안타까운 야유를 들었습니다"라는 내용의 글을 올렸다. 하지만 이 게시물에도 남성들의 무차별적인 비아냥이 이어졌다. 국민이 뽑은 도의원이지만 남성과 여성이라는 성별 차이가 사회적 위치의 상하 가름으로 이어진 어처구니없는 사건이다.

정말 황당하지 않은가? 나는 해당 사건을 직접 방송으로 본 후 말문이 막혔다. 발언의 주체가 여자라는 이유 하나만으로, 이렇게 여성 인권을 완전히 무시하는 성차별적인 야유를 할 수 있다는 사실이 믿어지지 않았다. 우리나라 같으면 감히 상상도 할 수 없는 일이다.

일본인의 이런 인권유린 사태는 비단 여성에게만 국한되지 않는다. 일본에서 장애인과 같은 사회적 약자에 대한 처우는 '인권 최빈국'이라는 평가조차 아깝게 느껴진다. 일본에는 구우생보호법旧優生保護法'이라는 말도 안 되는 법률이 20여 년 전까지 존재했다. 구우생보호법은 제2차 세계대전 패전 후 베이비붐으로 인구가 급격하게 늘어나며 식량 및 각종 물자가 부족해짐에 따라 유전병과 지적장애를 가진 아이를 출산할 가능성이 높은 사람을 대상으로 강제로 불임이나 낙태를 시킬 수 있는 근거로 사용했다. 쉽게 말해 '장애인 출산 가능성이 있는 사람에 대해 강제적으로 불임 및 낙태 수술을 시행할 수 있다'는 국가의 인식이 반영된 최악의 인권유린 법안인 셈이다.

이로 인해 1945년부터 1996년까지 약 2만 5000명이 불임수술이나 중절수술, 정관수술을 받아야만 했다. 특히 이 중 1만 6500명 이상은 본인 동의 없이 국가가 강제적으로 각종 수술을 시행했으며 여기에는 9살 어린이도 포함되었다.

일본이 아닌 다른 나라에서 이런 말도 안 되는 법률이 시행됐다면 진즉 폭동 수준의 강렬한 시위가 전국적으로 일어났을 것이다. 하다못해 소송을 통한 거액의 피해보상이라도 받을 수 있었을 터다.

하지만 일본에서는 지난해 여성 피해자 2명의 소송으로 불거진 구우생보호법 관련 재판의 판결이 엉뚱하게 나왔다. 한 사람당 7천만 엔(약 7억 원)을 배상해달라는 소송에 대해 일본 법정은 "구우생보호법은 행복을 추구하는 권리 등을 정해놓은 헌법 13조를 위반한 위헌이지만, 국가의 배상 책임은 인정하지 않는다"는 판결을 내렸다.

헌법을 위반한 것은 사실이지만 국가는 배상의 책임이 없다니, 이게 말이 되는 판결인가? 그런데 국민들은 아베 정권 하에서 지난해부터 올해까지 진행된 해당 소송의 결과에 대해 아무런 불만을 갖지 않는다. 차라리 무관심하다는 말이 맞을 것이다.

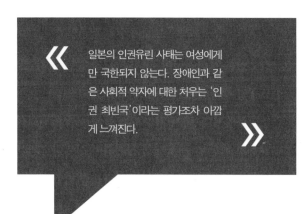

일본의 인권유린 사태는 여성에게만 국한되지 않는다. 장애인과 같은 사회적 약자에 대한 처우는 '인권 최빈국'이라는 평가조차 아깝게 느껴진다.

나는 이런 일본인의 사상이 도저히 이해가 가지 않는다. 자국민이 입은 잔혹하고 명백한 피해에 대해 아무런 배상을 하지 않는다는 어이없는 판결에도 불구하고 국민들은 아베 정권에 아무런 항의를 하지 않는다. 심지어 이런 아베 정권의 지지율이 50%를 상회한다.

일본 국민들이 대체 무슨 생각인지 내 부족한 생각으로는 추측조차 할 수 없다. 일본 인권이 더더욱 하락할 것이라는 내 예측이 과연 억측일까? 일본인의 불합리적인 행태와 배타적인 국민성은 일본을 더더욱 인권 최빈국의 위치로 끌어내릴 것이라고 확신한다.

일본은 선진국이 아니다. 그저 겉만 번지르르한 빛 좋은 개살
구일 뿐 인권도 인식도 바닥을 기고 있다.

무엇보다 내가 걱정하는 부분은 우리나라와의 문제, 강제징
용과 위안부 등에 대한 사과와 배상이다. 자국민의 분명한 피해
에 대해서도 배상 책임이 없다는 뻔뻔한 판결을 내린 일본이 과
연 우리나라에 사과를 할까? 지극히 안타깝지만, 나는 회의적으
로 본다.

이제 우리는 다른 전략으로 일본에 대한 압박에 나서야 한다.
"사과하라", "사죄하라"고 목소리만 높여서 될 일이 아니다. 그
래 봐야 우리 기운만 빠질 뿐이다. 자국민도 무시하는 일본이 섬
밖에 있는, 그리고 을의 입장인 대한민국에 진심어린 사과를 할
것이라고는 생각하지 않는다. 일본, 참 한심하고 또 한심하다.

통계의 허점, 일본 취업의 진실

아베 정부가 계속 유지되는 한 청년들에게 밝은 미래는

절대 찾아오지 않을 것

아베 정부는 지금 일본 경기가 좋다는 억지 주장을 굽히지 않고 있다. 그 근거 중 하나로 제시하는 것이 바로 '취업률'이다. 취업시장을 두드리는 이들을 모두 수용할 만큼 경제가 호황이라는 주장이다. 아베 노믹스가 성공했다는 증거라고 목소리를 높인다.

현재 일본 취업시장이 호황인 건 사실이다. 하지만 결코 아베노믹스 효과 때문은 아니다.

일본에서는 '단카이 세대'라고 부르는 1945년 전후 출생자의 은퇴가 수년 전부터 이어지고 있다. 이들은 이른바 '베이비부머 세대'에 해당하며 매년 200만 명가량 은퇴를 하고 있다. 일할 사람이 물리적으로 부족해진 것이다.

반면 매년 취업시장에 유입되는 젊은 층의 수는 100만 명 정도에 불과하다. 은퇴하는 단카이 세대의 절반 수준이다. 기업에서는 당장 2명의 직원이 필요한데 뽑을 수 있는 후보자가 1명뿐이니 능력이나 인성과는 상관없이 일단 채용하고 보는 것이다. '구직 희망자'가 품귀현상을 보이는 현재 일본에서는 누구나 쉽게 취업할 수 있다. 통계의 허점을 아베 정부가 교묘하게 자신들에게 유리한 방향으로 이용한 것이다.

이 같은 현상은 앞으로 더욱 심화될 전망이다. 일본의 인구는 날이 갈수록 줄고 있다. 출생자보다 사망자가 월등히 많을 정도다. 인구 감소는 곧 국가 경쟁력 하락으로 이어질 가능성이 높기 때문에 많은 전문가는 일본의 경제력 또한 점차 악화될 것이라는 예측을 내놓고 있다.

수년 사이에 일본으로 입국하는 해외 노동자가 급격히 늘어
난 것도 같은 맥락이다. 별다른 스펙이 필요하지도, 뛰어난 능력
을 요구하지도 않는 현재 일본은 취업에 힘겨워하는 해외 젊은
층이 훌륭한 차선책으로 여기고 있다.

내가 교수로 재직했던 사이타마현의 모 대학교에서는 수년째
취업률 99% 이상을 기록하고 있다. 한국, 중국, 베트남 등 국적
을 가리지 않고 내가 직접 가르친 유학생들 모두 예외 없이 취업
에 성공했다. 성적표를 C로 도배해도 취직에는 아무 문제가 없
다. 과장을 조금 보태면, 정신적으로 문제만 없으면 무조건 취직
이 된다고 표현해도 될 정도다.

한국에서는 목숨처럼 여기는 스펙도 필요치 않다. 내가 담당한 학생들은 토익시험을 본 적도 없다. 유학생은 JPT, JLPT 2급만 따도 취업이 되고, 1급을 따면 좋은 조건으로 회사가 '모셔가는' 수준으로 채용이 된다.

일본의 취업 기준은 한국에 비해 굉장히 낮다. 일본 대학 중 수준이 낮은 곳의 토익 평균은 겨우 400점대다. 600점만 되면 대기업 취직이 가능하다. 한국에서는 800점은 넘어야 겨우 명함을 내민다고 하는데, 일본에서는 800점을 넘으면 거의 미국인과 동급으로 대우받을 수 있다.

컴퓨터를 다루는 능력도 턱없이 부족하다. 집에 컴퓨터가 없는 대학생도 흔할 정도다. 스마트폰으로 타이핑한 후 학교 컴퓨터로 프린트를 해서 과제를 제출하는 학생들도 많이 봤다.

한국에서는 평균 스펙을 가진 대학생도 일본에 오면 엘리트로 인정받는다. 그만큼 대부분의 분야에서 수준이 매우 낮다.

게다가 일본 청년들은 성공에 대한 의욕도 없고, 돈을 벌고 싶은 마음도 없다. 설사 대기업에 취직을 해도 해외 주재원이 되는 걸 꺼린다. 적은 급여로 힘겨워도 자신만의 루틴으로 이뤄진 일상을 유지하면 된다는 '적당주의'가 팽배해 있는 까닭이다.

물론 모든 직장이 대기업처럼 복지나 급여가 만족스러운 것은 아니다. 일부 열악한 조건의 직장에 취업하는 경우도 꽤 많다. 하지만 우리나라처럼 취업 자체가 힘든 것은 아니다.

문제는 취업 후에 직면한다. 일본 평균 초봉은 약 20만 엔 선, 우리나라 돈으로 200만 원 정도다. 세금을 제외하면 17만 엔 정도가 신입사원 손에 쥐어진다.

만약 부자 부모 덕분에 자가로 사회생활을 시작한 경우가 아니라면, 매달 일정 금액의 월세를 감당해야 하는 팍팍한 삶이 기다리고 있다. 도쿄 시내에서는 정말 코딱지만 한 원룸도 월세가 최소 5~6만 엔이다. 세금과 월세를 빼면 12만 엔(약 120만 원) 정도가 통장에 남는 셈이다.

우리나라에 비해 물가가 비싼 편인 일본에서 12만 엔은 그리 큰돈이 아니다. 결국 그들은 평생토록 힘겨운 삶에서 벗어나지 못한다. 아베 정부가 계속 유지되는 한 일본 경제는 점점 어려워지고 청년들에게 밝은 미래는 절대 찾아오지 않을 것이다.

PART 2

'NO NO JAPAN'
아베 정권 몰락의 신호탄

일본에서 북한을 보았다, '극우 유치원'

아이들이 읊는 문장은 과거 일본 제국 신민들이 외치던
'교육칙어'

북한은 전 세계에서 유일하게 3대 세습통치에 성공한 나라다. 김일성과 김정일을 거쳐 현재 위원장으로 재임 중인 김정은으로 이어지는 정권 유지의 근간은 인민 국민들을 대상으로 한 '세뇌'의 힘에서 나온다고 생각한다. 북한 사람들은 태어남과 동시에 지도자에 대한 무조건적인 복종과 숭배를 강요받는다. 북한 인구 대다수가 여전히 김일성이 구름을 타고 금강산을 넘었다는 허무맹랑한 얘기를 믿을 정도로 오랜 시간 일상적으로 반복된 세뇌의 힘은 소름끼칠 만큼 무섭다.

북한과 같은 무서운 세뇌 현장을 오사카의 '쓰카모토 유치원'에서 직접 목격했다. 오사카에 위치한 쓰카모토 유치원은 이른바 '극우 유치원'으로 아직 인격이 채 형성되지 않은 아이들에게 군국주의식 사상을 강제로 주입하는 '세뇌 교육'을 자행하고 있다.

"우리 신민은 충효의 길을 완수하기 위해 전 국민이 합심해 노력한 결과 오늘에 이르기까지 대단한 성과를 거두어왔습니다. 물론 일본의 뛰어난 국민성의 선물이라고밖에 할 수 없지만, 나는 교육의 근본도 도의 입국의 달성에 있다고 생각합니다."

너무나 소름이 끼친다. 아이들이 읊는 문장은 군국주의를 표방하던 1940~1950년대의 일본 제국 신민들이 외치던 '교육칙어'였다. 군국주의 상징이었던 교육칙어가 무려 70년 세월을 건너 2019년 일본의 유치원에서 되살아난 것이다. 심지어 교육칙어를 암송한 뒤에는 천황의 영원한 통치를 기원하는 내용의 일본 국가國歌 '기미가요'를 제창하기도 했다. 참고로 교육칙어는 천황에게 충의를 바치는 내용을 포함하여 군국주의를 강화하는 데 사용했고, 전쟁 후 폐지됐다.

3세부터 6세까지 원생 230여 명이 다니는 쓰카모토 유치원의 벽면에는 천황을 비롯해 일본 황실에 관한 사진이 여럿 붙어 있다. 아이들은 유치원에 등원하면 천황 사진에 대고 인사를 하고 교실로 들어선다. 쓰카모토 유치원의 이런 교육방식과 분위기는 아이들에게 아주 어린 시절부터 천황, 나아가 일본 전체에 대한 무조건적인 복종과 숭배의 당위성을 인식시킴으로써 추후 가미가제 특공대와 같은 개인의 희생을 당연하게 받아들이게 하려는 '세뇌' 그 이상도 이하도 아니다. 쓰카모토 유치원의 만행은 여기서 그치지 않는다.

"일본이 다른 나라에게 지지 않도록 어른들은 센카쿠 열도, 다케시마, 북방 영토를 지켜야 합니다. 또한 일본을 악당 취급하는 중국과 한국이 마음을 고쳐먹고 학교에서 거짓 역사를 가르치지 않도록 강력한 조치를 취해야 합니다."

일본 오사카 쓰카모토 유치원에서는 유치원 어린이들에게
극우 사상과 '혐한' 정서를 주입하고 있어 일본 내에서도 비판이
높아지고 있다.

  이제 겨우 5~6세에 불과한 아이들이 조회시간에 한목소리로
외치는 문장을 토씨 하나 틀리지 않고 그대로 옮긴 것이다. 이외
에도 아이들은 TV를 향해 "일본과 국민을 위해서 활약하는 아
베 신조 내각총리대신을 최선을 다해 모시고 있는 아키에 부인

> 쓰카모토 유치원의 벽면에는 천황과 황실에 관한 사진이 붙어있다. 아주 어린 시절부터 일본 전체에 대한 무조건적인 복종과 숭배를 교육시킴으로써 개인의 희생이 당연하도록 세뇌한다.

정말 감사합니다"라고 말하며 고개를 숙이거나, "중국에서 미사일을 쏜다면 우리 몸으로라도 막아서 일본을 지키자"라고 결의를 다지기도 한다. 다시 한 번 말하지만 이제 겨우 5∼6세 정도에 불과한 아주 어린 아이들이다.

물론 해당 유치원과 같이 운영되는 곳은 극히 드물다. 하지만 숫자의 많고 적음과는 별개로 우리는 극우 유치원이 실제 존재한다는 사실 자체에 주목해야 한다.

이런 극우 유치원의 끝에는 세계적으로 막말의 아이콘으로 떠오른 '아베'가 자리하고 있다. 현재는 모리토모학원 스캔들의 영향으로 줄어들었지만 아베 정권에서는 한때 꽤 많은 극우 유치원에 적극적인 지원을 시행했다. 아베 정권의 사상이 곧 극우 유치원의 교육과 연결된 셈이다. 도가에서 강조하는 중용의 덕까지는 아닐지라도 극단적으로 한쪽에 치우친 아베 정권의 모습은 분명 큰 문제가 있어 보인다. 그런 아베를 여전히 지지하는 일본 국민들도 전혀 이해할 수 없다.

쓰카모토 유치원을 비롯한 극우 유치원을 다니는 아이들이 너무 불쌍하다. 유치원은 아이가 선택할 수 없다. 모두 부모가 강요했을 것이다. 아무것도 모르는 아이들은 부모의 일방적인 결정에 극우 유치원을 다니며 전체주의, 군국주의, 우경화 등을 세뇌받고 있다. 일본의 미래가 우려되는 심각한 아동학대라는 건 비단 나만의 생각일까?

더욱 충격적인 현실은 쓰카모토 유치원을 필두로 전국적으로 극우 유치원이 점차 확산되고 있다는 것이다. 아베 정권이 또 다시 검은 야욕을 드러냈다는 증거다.

아베는 정말 비열한 인간이다. 국민들의 우민화도 모자라 자신의 자리 유지를 위해 어린 아이들까지 군국주의식 세뇌를 자행하고 있다는 게 너무나도 화가 치밀어 오른다.

아베는 한국을 다시 식민지화시키지 못해서 안달이 난 사람이다. 나는 종종 아베를 칭찬하는 한국 정치인들을 볼 때면 속이 뒤집어지다 못해 쉴 새 없이 거친 욕을 쏟아내곤 한다.

자신의 욕망을 위해 자국의 미래인 어린 아이들에게 세뇌 교육을 시행하고 있는 아베 정권의 시커먼 야욕을 멈출 브레이크가 절실하다.

나는 일본이 정말 무섭다

무라 사회에서 가장 중요한 것은 '마을의 이익',

다시 말해 '전체'

나는 일본이 참 무섭다. 꽤 오랜 세월을 일본에서 살았지만 일본은 까도 까도 끝이 없는 양파처럼 알면 알수록 무서운 나라라는 인식이 굳건해지고 있다.

먼저 한 가지 분명히 밝히고 싶은 점은, 내가 개별적으로 만나는 일본인들을 무서워하는 건 아니라는 점이다. 개인이란 작은 범주로 한정했을 때는 오히려 우리나라 사람들이 나에게는 더 무섭게 느껴진다. 종종 한국에 가면 나는 눈을 내리깔고 길을 걷는다. 눈이 마주쳐도 별로 신경 쓰지 않는 일본인과는 달리 한국 사람들은 눈을 부릅뜨고 인상을 한껏 찌푸리고 다니기 일쑤기 때문에 혹시 눈이 마주치면 시비라도 걸릴까 싶어 한국에서 상대방을 쳐다보지 않고 걷는 게 습관으로 굳어진 지 오래다.

내가 일본을 무서워하는 이유는 개인이 아닌 '조직'으로 범주를 확대했을 때 찾을 수 있다.

대한민국에서 오랫동안 회사를 다닌 40대 이상 직장인이라면 '군대식 서열'에 익숙한 과거 우리나라 직장의 모습을 기억할 것이다. 지금은 많이 달라졌지만, 불과 수십 년 전만 해도 우리나라 대다수 직장은 마치 군대의 연장선처럼 일방적인 지시와 조건 없는 복종이 존재했다. 명백히 잘못된 관습으로, 우리나라 기업의 어둡고 무서운 그림자였다.

하지만 과거 우리나라 조직문화는 '개인 선택'에 따라 얼마든지 벗어날 수 있는 여지가 존재했다. 회사를 그만두면 그 순간 곧바로 부조리한 상황에서 자유로워지는 것이다또한 이러한 조직문화도 이제는 점차 개선되어 가고 있다. 일본 조직 문화는 바로 이 지점

에서 확연히 다르다. 내가 일본이란 나라를 두려워하는 이유는
'전체주의 사상' 때문이다.

일본에서는 마라톤이 굉장한 인기 스포츠로 꼽힌다. 그 중에
서도 '에키덴駅伝', 역전이라고 하는 '릴레이 마라톤'은 남녀
노소를 가리지 않고 누구나 즐기는 '국민 스포츠'로 인정받는
다. 42.195킬로미터의 마라톤 풀코스를 구간별로 주자들이 이
어 달리는 것으로, TV에서도 자주 방영하기 때문에 불가피하게
'강제시청'을 하는 경우도 있다.

그런데 어느 날 릴레이 마라톤을 방송으로 보던 중 큰 충격을
받았다. 특정 구간을 맡은 여자선수가 크게 넘어지면서 양쪽 무릎
아래로 시뻘건 피가 흥건하게 흘러내리기 시작한 것이다. 놀라운
장면은 그 다음이었다. 브라운관 너머로도 알 수 있을 만큼 심각
한 부상을 당한 선수가 당연히 기권할 거라는 예상과는 달리 핏
자국을 마치 급브레이크를 밟은 타이어의 스키드 마크처럼 길
위에 흩뿌리며 두 팔로 기어가기 시작했다. 그런 과정에서 진행
팀은 물론 의료진, 관중 등 그 누구도 선수의 행동을 말리지 않
았다. 자신의 안위보다 팀을 위한 공헌이 우선인 무서운 '전체
주의 사상'이 TV를 통해 가감 없이 전국에 방송된 것이다.

더 경악스러운 건, 경기를 지켜보는 관중부터 중계진까지 한 목소리로 응원과 칭찬의 메시지를 보냈다는 사실이다. 나는 온몸에 소름이 돋았다.

'이게 일본이구나. 조직을 위해서라면 자신의 목숨까지 바치는 전체주의가 여전히 일본인의 피 속에서 힘차게 요동치고 있구나.'

일본 전체주의의 대명사는 지금까지도 추악한 역사로 회자되고 있는 '가미가제 특공대'다. 어린 아이들이 무저갱 같은 두려움에 눈물을 흘리면서도 "천황폐하 만세"를 외치며 자신의 생명을 던진 가미가제 특공대는 일본 전체주의의 무서움을 방증하는 대표적인 사례다.

그런데 이미 사라진 줄 알았던 일본의 전체주의는 2019년인 현재도 여전히 진행 중이었다. 심지어 일본 자위대에서 새로운 버전의 가미가제 특공대가 조직되고 있으리라는 무서운 상상까지 하게 된다.

조직을 위해 개인 인권을 말살하는 일본의 전체주의는 반드시 사라져야 할 악습 중의 악습일 뿐이다.

'슈단코도集団行動'라는 집단행동 스포츠도 전체주의의 잔재다. 슈단코도는 체육대학 학생 수십 명이 동일한 목표 하에서 규율이 있는 각종 행동을 집단적으로 일치시킨 퍼포먼스를 보여주는 스포츠다. 우리에게 익숙하지 않지만 슈단코도는 정기적으로 대회도 열리고 종종 TV에서도 방영할 만큼 일본에서는 꽤 인기 있는 스포츠 종목 중 하나다.

나는 바로 이 슈단코도라는 스포츠야말로 일본 전체주의의 무서움을 극명하게 보여주는 사례라고 생각한다. 개인의 실수가 곧 전체의 패배로 이어지는 구조로 짜인 슈단코도는 자칫 팀원이 잘못해 팀이 지면 철저한 규탄으로 귀결된다. 팀을 패하게 한 개인은 조직 내에서 이른바 '이지메^{왕따}'를 당하게 되는 것이다. 그런데 그 정도가 지나쳐 몇몇 선수는 대인기피증과 같은 정신질환을 갖기도 하고 심지어 자살을 하는 경우도 있다고 한다. 과연 슈단코도가 건전한 정신을 가진 스포츠라고 할 수 있을까?

일본 만화에 자주 등장하는 '응원단' 역시 마찬가지다. 주로 빳빳한 재질의 검은색 교복을 착용하는 일본 중·고등학교 및 대학교 응원단에서는 과거 '군국주의'의 향기가 진하게 풍긴다. 거만한 태도의 선배들은 몽둥이로 후배들을 다그치며 목에서 피가 터져라 응원가를 부르게 하고, 비실비실한 체격의 학생이 수십 킬로그램이 넘는 응원 깃발을 3~4시간 이상 들고 있어야 하는 등 비상식적인 응원 문화가 당연하게 자행되고 있다. 경기 내내 '반드시 죽을 각오로 싸워라'라는 뜻의 "힛시必死"를 외치는 모습에서 전쟁에 나서는 군인들을 배웅하는 장면이 떠오른다. 이제 겨우 10대 후반에서 20대 초반인 이들에게 조직에 대한 충성심을 강요하는 전체주의 사상의 행태는 일본이란 울타리 밖에서는 결코 받아들여지지 않을 것이다.

이렇듯 일본인이 아니라면 절대 이해할 수 없는 일이 당연하게 받아들여지는 이유는 오랫동안 길들여진 전체주의 사상에서 찾을 수 있다.

이쯤에서 가벼운 이야기를 해볼까 한다. 우리나라의 욕은 참 다양하다. 전혀 욕 같지 않은 단어라고 할지라도 서너 개를 조합하면 금세 신묘한 욕으로 재탄생한다. 몇 년 전 술자리에서 오랜 친구가 "똥물에 튀겨 죽일 파리 같은 놈"이라는 욕을 했을 때는 화가 나기는커녕 참신함에 감탄이 나올 정도였다. 물론 소위 '깍두기 형님'들이 많이 사용하는, 한마디로도 오금을 저리게 할 만큼 살벌한 욕도 여럿이다.

일본 전체주의의 대명사는 '가미가제 특공대'다.

어린 아이들이 두려움에 눈물을 흘리면서도 "천황폐하 만세"를

외치며 자신의 생명을 던진 가미가제 특공대는

일본 전체주의의 무서움을 방증하는 대표적인 사례다.

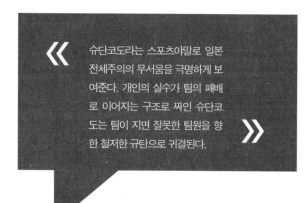

> 슈단코도라는 스포츠야말로 일본 전체주의의 무서움을 극명하게 보여준다. 개인의 실수가 팀의 패배로 이어지는 구조로 짜인 슈단코도는 팀이 지면 잘못한 팀원을 향한 철저한 규탄으로 귀결된다.

그런데 일본에는 욕이 별로 없다. 바카야로馬鹿野郎 말과 사슴도 구분하지 못하는 녀석, 지쿠쇼畜生 젠장, 고노야로この野郎 이 자식, 구소야로くそ野郎 똥 덩어리 같은 녀석 등은 우리나라 입장에서 보면 귀엽기 짝이 없는 표현이다.

일본에서 욕이 발달하지 않은 이유 또한 전체주의에 있다고 생각한다. 과거 무라 사회부터 현재 수많은 전체주의 사상을 기반으로 한 조직에 이르기까지, 개인은 최대한 자신의 실수를 줄여야 한다. "만악萬惡의 근원은 혀"라는 말처럼 가벼운 욕 한마디가 자칫 돌이킬 수 없는 악수로 이어질 가능성이 있기 때문에 일본에서는 욕을 극도로 자제하는 분위기가 형성돼있다. 아이러니하지만 이것이 전체주의에서 발생한 유일한 '긍정적인 효과'라고 평가한다면, 너무 억지일까?

다시 본론으로 돌아와, 그렇다면 왜 전체주의 사상이 일본인의 인식 가장 깊은 곳에 껌딱지처럼 달라붙게 됐을까? 일본이란 나라를 이해하기 위해서는 크게 '와和' 문화라는 틀 안에서 일본을 바라봐야 한다.

일본인은 '와和'라고 하는 가치를 중심으로 각자에게 정해진 위치를 벗어나지 않는 것을 마땅하게 여긴다. 태양을 중심으로 각자의 정해진 궤도를 벗어나지 않고 돌고 있는 태양계를 생각해보면 일본의 와和 문화를 이해하기 쉬울 것이다.

'기루切る'는 '자르다'라는 뜻의 일본어다. 무사 사회였던 일본 사회에서 '자르다'라는 표현은 한국이나 중국과는 다르게 다양한 단어에서 일상적으로 사용한다. 마감기한을 의미하는 '시메키리締め切り'에도 자른다는 의미가 들어가고, 전체를 빌린다는 뜻의 '가시키리貸し切り', '재고가 바닥났다'는 뜻의 '시나기레品切れ', '마음껏 혹은 마음대로'라는 뜻의 '오모이키리思い切り', 다 팔렸다는 뜻의 '우레키리売れ切り' 등 자른다는 뜻이 포함된 단어를 상당히 많은 부분에서 사용한다. 이는 일본 사회가

'칼'로 대변되는 무사 문화에 여전히 큰 영향을 받고 있다고 해석해도 문제가 없을 것이다.

'쓰메루詰める'라는 단어는 정해진 장소나 공간에 무언가를 꽉꽉 채워 넣는다는 의미인데 이 단어 또한 일본어에서 자주 사용한다. '응시하다, 째려보다'라는 뜻의 '미쓰메루見詰める', 골똘히 생각한다는 뜻의 '오모이쓰메루思い詰める', '숨을 죽이다'라는 뜻의 '이키오쓰메루息を詰める', '따분하다, 하찮다'는 뜻의 '쓰마라나이詰まらない' 등 수많은 일상 표현에서 '꽉꽉 채우다'라는 뜻의 단어를 자주 사용한다. 이를 보면 정해진 틀 안에 국민들을 채워 넣는 일본 전체주의 문화에 대해 이해할 수 있다.

또 하나는 섬나라인 일본은 오래 전부터 '무라 사회'를 기본으로 작동했다는 점이다. 무라는 '마을 촌村'자를 쓴다. 즉 '무라'는 마을을 기반으로 하는 사회구조를 일컫는다.

마을이라는 공동체가 함께 생활하는 방식에 익숙해진 사람들은 평생 자신의 보금자리를 떠나지 않는다. 자신이 살던 마을을 떠나는 단 한 가지 이유는 오직 죽음뿐이었다. 이러한 과거 무라 사회에서 가장 중요한 것은 '마을의 이익', 다시 말해 '전체'였다. 무라 사회의 구성원은 만약 자신의 희생으로 마을에 이익을 가져올 수 있다면 기꺼이 이를 받아들였다. 반대로 개인의 잘못으로 마을에 피해를 입혔다면 혹독한 처벌이 뒤따랐다. 불가항력적인 실수에 죽음으로 책임을 묻는 경우도 흔했다. 마을이란 전체를 위해 개인이 철저히 희생해야 했던 과거 무라 사회야말로 일본인들의 뿌리 깊숙이 박힌 전체주의의 시발점인 셈이다.

도시락에 담긴 일본 전체주의

무엇이든 줄여드립니다, 일본의 벤토 문화

도시락이란 뜻의 일본어, '벤토弁当'는 우리에게 익숙한 단어다. 본론에 들어가기에 앞서, 이번 장에서는 이해를 돕기 위해 도시락 대신 일본어인 벤토를 사용할 것을 미리 밝힌다. 또한 개인적으로 재미있게 읽은 이어령 교수의 저서 《축소지향의 일본인》의 내용을 기본으로 나름의 재해석을 거쳤다는 사실을 덧붙인다.

간편하게 한 끼 식사를 해결할 수 있는 벤토는 우리나라에서는 그저 간편한 포장식 식사 정도로 인식돼있다. 하지만 작은 상자 안에 각양각색의 음식을 채워 넣는 벤토에는 일본의 전체주의 사상이 고스란히 녹아들어 있다.

일본은 말 그대로 '벤토 대국'이다. '편리한 것'이라는 뜻을 가진 중국어 '삐엔땅便當'에서 어원을 찾을 수 있는 벤토의 기원은 16세기 아즈치모모야마시대安土桃山時代로 거슬러 올라가야 할 만큼 오랜 역사를 자랑한다.

벤토의 기원에 대한 가장 유력한 설은 오다 노부나가織田信長가 전쟁터에서 병사들에게 식량을 균일하게 나눠주기 위해 고안했다는 주장이다. 일부 전문가들은 에도 시대 중기, 시바이芝居연극 중간에 먹은 간단한 음식이 벤토의 시초라는 의견을 내놓기도 한다.

한편 벤토라는 말이 '미리 준비해 쓰기 편하도록 맞춘다'에서 왔다고 하는《류정기柳亭記》의 어원설을 믿는다면 일본 문화가 곧 벤토 문화라고 해도 크게 틀리지 않을 것이다.

일본에서 벤토는 이미 하나의 문화로 자리매김했다. 기차역에서 판매하는 벤토인 '에키벤駅弁' 종류만도 무려 4000개를 홀

쩍 뛰어넘을 정도이니 그저 놀라울 따름이다. 관광안내서나 잡지 등에 벤토의 본고장인 교토를 비롯해 전국의 에키벤을 소개하는 지도가 실린다.

에키벤에 대해 조금 더 알아보자. 야키자카나焼き魚구운 생선, 가마보코蒲鉾어묵, 다마고야키卵焼き달걀부침, 세 가지를 에키벤의 '산슈노진키三種の神器삼종신기. 일본 신화에서 천손이 강림할 때 세 가지 보물을 받아 아직까지도 역대 천황이 계승하고 있다는 보물을 말하는데, 그 삼종신기를 벤토의 세 가지 재료에 빗대어 사용한 것이다'라고 한다. 산슈노진키를 바탕으로 만든 전통적인 에키벤의 종류가 약 1600종에 이르고, 나머지 2400여 종이 지역별 혹은 재료별 개성을 가미한 벤토로 분류된다. 참고로 일본은 벤토뿐만 아니라 특정 상품의 종류를 매우 다양하게 생산하는 경향이 있다.

벤토는 우리가 흔히 생각하는 가정식 밥상을 작은 상자 안에 넣은 이른바 '식탁의 미니어처'라고 할 수 있다. 벤토는 마치 일본의 사무라이를 연상케 한다. 일본의 사무라이는 혼도本刀본도. 주로 쓰는 칼와 와키자시脇差し혼도를 축소한 칼를 동시에 지니고 다녔다. 쉽게 말해 항상 주력 칼과 보조 칼을 지참했다는 것이다.

사무라이의 습관을 일본 식문화에 적용하면 가정식 밥상은

벤토는 '큰 밥상을 축소해 호카이나 와리코 같은

조그마한 그릇에 음식물을 담는 것'으로 축소지향적 문화를

대표한다고 할 수 있다.

혼도本刀고, 벤토는 와키자시脇差し라는 공식이 성립된다. 일본인에게 벤토는 식생활에서 떼려야 뗄 수 없는 핵심인 셈이다. 이처럼 일본인은 가정에서 먹는 밥상과 함께 언제 어디서든 손쉽게 양질의 영양을 제공받을 수 있는 벤토를 병행하는 식문화를 구축했다. 벤토 시장의 놀라운 규모 역시 이 같은 식문화에서 비롯됐다.

여기서 우리가 주의 깊게 살펴봐야 할 부분은 벤토에 담긴 음식 맛이 아닌, 밥상을 작은 상자에 담아 가동성을 높여 새로운 형태로 만든 일본인의 발상에 있다.

일본인은 무엇이든 작게 만들려는 경향이 있다. 벤토는 '큰

밥상을 축소해 호카이行器나 와리코割子 같은 조그마한 그릇에 음식물을 담는 것'으로 축소지향적 문화를 대표한다고 할 수 있다. 일본 유명 축제인 '마쓰리祭り'에서는 동네 유명한 신사를 미니어처로 만든 '오미코시お神輿'를 볼 수 있고, 추억의 전자기기인 '워크맨'을 비롯해 트랜지스터, 플래시 메모리, 커터, 캠코더 등 수많은 축소형 발명품이 즐비하다. 이렇듯 일상에서 흔하게 만나는 수많은 상품에서 일본인의 축소지향적 성향을 짐작할 수 있다.

■

일본 문화와 정신의 근간 '쓰메루詰める'

'쓰메루詰める'라는 단어에 대해 좀 더 알아보자. 앞서 말했듯이 쓰메루는 '꽉 조여서 채우다'라는 뜻의 일본어다. 이 단어야말로 일본 문화를 이해하는 데 아주 중요한 역할을 한다. 일본 문화와 정신의 기초라고 할 수 있기 때문이다.

쓰메루에는 다양하고 풍부한 의미가 함축돼있다. 한 장소에 고정적으로 배치돼 근무하는 것 역시 '쓰메루'라는 표현을 써

해당 장소를 '쓰메쇼詰所'라고 부른다. 또 연극이나 소설에서 긴 장감을 나타내는 클라이맥스를 '오오즈메大詰め'라고 한다.

일본어 표현 중에서 '사람들이 모여 있는 것'을 뜻하는 '쓰메아우詰め合う' 역시 쓰메루의 연장선에 있다. 쓰메아우를 조금 더 정확히 표현하면 '좁은 장소에 많은 사람들이 꽉 들어차 있는 것'을 의미한다.

일본인은 어떤 사물을 대함에 있어 부채처럼 가지런히 접어 놓거나 차곡차곡 쌓아놓는 것을 좋아한다. '이레코入れ子'라는 그릇처럼 크기 순서대로 차례로 포개어 놓거나, 아네사마姉様 인형 '종이공주'라고도 부르며 에도시대 말기 무렵부터 쇼우치庄內 번사藩士의 부인들이 취미로 만들기 시작한 것이다. 팔다리를 생략하고 접기 쉽게 단순한 형태로 만든다 처럼 수족을 떼어 단순화하지 않고는 견디지 못한다. 쉽게 말해 큰 것은 작게 만들고, 흩어져 있는 것은 한 곳에 모은 후 좁은 곳에 빽빽하게 채워 넣어야 직성이 풀리는 것이다. 벤토 역시 이러한 일본인의 성향에서 비롯한다. 이 모두 '쓰메루'라는 단어로 설명이 가능하다.

같은 맥락에서 '간즈메缶詰め'를 '통조림'으로 번역하면서 '쓰메루'를 조림이란 단어로 바꾼 것을 보면 더욱 쉽게 이해할

수 있다. 즉, '쓰메루'라는 것은 큰 것, 퍼져 있는 것, 산재해 있는 것을 일정한 공간에 치밀하게 밀집하는 것을 뜻한다.

한국어 중에는 쓰메루에 꼭 들어맞는 단어가 없다. 굳이 억지로 찾아보면 '채우다' 정도가 될 테지만 '채우다'라는 표현은 일본어 '미타스満たす'에 해당하는 표현이기 때문에 정확하게 일치하는 건 아니다. 쓰메루는 '일정한 틀 속에 죄고 다져서 빽빽하게 끼워 넣은 것'이라는 의미를 갖고 있으니 근본적으로 단어의 강도가 다르다고 할 수 있다.

중요한 것은 '쓰메루'라는 단어가 물체뿐만 아니라 정신적인 면에서도 동일하게 작용하고 있다는 점이다. 일본인이 사람을 칭찬할 때, "아, 싯카리시테루네!しっかりしてるね"라는 표현을 자주 쓴다. 이는 '하리쓰메테이루張り詰めている', 정신이 팽팽하게 채워져 있다는 뜻이다. 음식을 채우면 벤토가 되고, 마음을 채우면 착실한 사람이 된다는 의미다.

그래서 일본인은 무엇인가를 진지하고 열심히 하려는 경우, 단어에 반드시 '쓰메루詰める'를 붙인다. 그래서 미루見るボ다에서 미쓰메루見詰める응시하다, 오모우思う생각하다에서 오모이쓰메루思い詰める골똘히 생각하다, 이키오스루息をする숨을 쉬다에서 이키

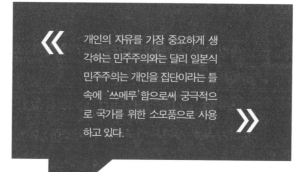

개인의 자유를 가장 중요하게 생각하는 민주주의와는 달리 일본식 민주주의는 개인을 집단이라는 틀 속에 '쓰메루'함으로써 궁극적으로 국가를 위한 소모품으로 사용하고 있다.

오쓰메루息を詰める숨을 죽이다라는 단어가 나오게 된 것이다.

일본 특유의 쓰메루 문화는 잡지에서도 확인할 수 있다. 일본 잡지를 보면 여백을 찾을 수 없을 만큼 사진과 글자로 빽빽하게 채워져 있다. 특히 신쇼新書신서라는 손바닥 크기의 조그마한 책은 한 페이지에만 해도 글자가 엄청 많다. 만약 신쇼를 한국식으로 만든다면 몇 배 이상 두꺼운 책이 될 것이다.

이러한 쓰메루 문화는 일본의 공동체 사회가 작동하는 중요한 부품 중 하나다. 일본에는 마을과 회사와 같은 조직에 사람이 촘촘히 포개져 들어가야 하는 문화가 존재한다. 마치 벤토 속에 각종 음식들이 차곡차곡 들어선 것처럼 말이다.

예컨대 특정 마을의 법도를 어긴 사람과 그 가족들에게 무라하치부村八分철저하게 구성원 외 취급을 하며 집단 따돌림을 하는 것를 가하는 식이다. 회사도 마찬가지다. 회사라는 조직 울타리 속에 쓰메루하지 못한 사원은 결국 마도기와조쿠窓際族창가족, 회사에서 눈 밖에 난 사람을 창가에 앉혀놓고 일을 주지 않는 것로 전락한다.

일본 정부가 온 국민을 하나로 묶어 '일억 총 활약 사회'란 표현을 자주 사용하는 것도 쓰메루 문화의 한 단면이다. 이는 마치 벤토처럼 일억 명에 이르는 인구를 마치 한 사람인 것처럼 축소해서 하나의 틀 안에 '쓰메루'하는 전체주의적 사고방식의 표현인 것이다.

개인의 자유를 가장 중요하게 생각하는 민주주의와는 달리 일본식 민주주의는 개인을 집단이라는 틀 속에 '쓰메루'함으로써 궁극적으로 국가를 위한 소모품으로 사용하고 있다. 물론 형식상으로 개인의 자유를 존중하는 민주주의 국가를 내세우고 있지만 쓰메루 문화가 보여주듯 여전히 과거 군국주의 시대와 같이 주입식 교육을 통한 전체주의 문화 심기에 주력하는 이중성을 가진다.

벤토 하나, 쓰메루라는 단어 하나에서도 알 수 있듯 일본에게 국민은 그저 국가와 조직을 위한 아주 작은 소모성 부속품에 지나지 않는다. 그들에게 일본인은 일본이 유지되기 위한 최소 조건일 뿐이다. 개개인을 존중하지 않는 일본 전체주의 문화가 녹아있는 벤토의 맛이 사뭇 씁쓸하게 다가온다.

나치 정권의 뒤를 따르는 아베의 '국뽕방송'

왜 아베는 한국을 나치 정권의 유대인에 대입했을까?

언론의 제1원칙, 바로 중립성이다. 어느 한쪽으로 치우치지 않는 언론의 중립성이야말로 대중에게 정확한 사실을 전달할 수 있는 근간이기 때문이다. 반대로 말하면 언론장악으로 인한 잘못된 정보 전달은 국민의 눈을 흐리는 최고 무기가 된다. 마치 제국의 폭군이 하늘이 빨갛다고 하면 백성은 아무런 불평불만

없이 하늘이 빨갛다고 믿는 식이다.

오롯한 성역으로 기능해야 하는 언론이지만 오랜 역사 속에서 정경유착의 한 고리로 악명이 높은 것도 사실이다. 그럼에도 불구하고 언론의 중립성 유지를 적극적으로 지지하는 건, 올바른 정보를 전달해주길 바라는 국민의 한 사람으로서 갖는 소망 때문이다.

최근 신조어 중 '국뽕'이란 단어를 많이 들어봤을 것이다. 최근 아베 정권은 이러한 무조건적인 조국 우선주의를 표방한 소위 '국뽕방송'을 적극적으로 지원하고 있다. 국뽕을 주제로 한 각종 콘텐츠가 넘쳐난다. 팔은 안으로 굽기 마련이고 가재는 게 편이라지만, 일본 국뽕방송은 도를 넘어도 한참을 넘었기에 그 심각성을 짚어보고자 한다.

가장 먼저 소개할 국뽕방송의 대표 주자는 〈YOU와나니시니 니폰에YOUは何しに日本へ〉라는 방송이다. 제목을 해석하면 '당신은 뭐 하러 일본에'라는 뜻이다. 방송은 자국 내 공항을 보여주는 것에서 시작한다. 공항에서 수많은 '백인' 중 '일본을 좋아할

만한' 인물을 선택해 그들을 여행 내내 따라다니는 게 주요 내용이다.

쉽게 말하면 '백인의 일본 찬양'을 보여주는 것이 목적이다. 예컨대 일본 여성 아이돌 그룹을 좋아하는 백인 남성을 섭외해 함께 여성 아이돌 그룹의 메카인 아키하바라秋葉原로 간다. 거기서 아이돌 공연을 보게 하고 그들의 굿즈를 사며 좋아하는 모습을 카메라에 담는다. 백인 남성은 방송 내내 어설픈 일본어로 "스고이대단해"를 외친다. 마치 동물원 원숭이처럼 방송에서 시키는 대로 일본 찬양을 계속하는 것이다.

물론 개인적으로 아이돌을 좋아하는 건 충분히 이해한다. 개인 취향에 대해서는 평가할 부분이 아니다. 다만 이러한 국뽕방송이 백인의 일본 찬양을 고스란히 대중에게 전달함으로써 '일본은 세계인이 동경하는 나라'라는 일종의 세뇌를 반복하는 게 문제다.

제2차 세계대전 패전 후 일본에 상륙한 미국인들을 갑으로 받아들인 '을', 즉 일본 입장에서는 이러한 방송을 통해 '이제 일본과 미국의 위치가 바뀌었다'는 메시지를 전달하고자 하는 것이다. 방송을 세뇌의 통로로 이용하는 아베 정권의 삐뚤어진 발상에 큰 위화감을 느낄 수밖에 없다.

두 번째는 〈니폰노데반日本の出番〉, 즉 '일본이 나설 차례'라는 제목의 방송이다. 이 방송은 '도코로 조지'라는 꽤 유명한 연예인이 진행을 맡았는데, 앞의 방송과 마찬가지로 일본에 방문한 외국인들을 대상으로 한 '일본 찬양' 방송이다.

'일본 요리는 너무 맛있다', '일본의 전통 문화는 너무 아름답다', '공공질서를 지키는 일본인의 시민의식은 경이로울 정도다' 등이 주를 이루는 자화자찬 방송이다.

이 방송은 유치하기 짝이 없다. 보는 내내 실소를 금치 못할 만큼 수준이 낮다. '짜고 치는 고스톱'도 이렇게까지 작위적이지는 않을 것이다.

개인감정을 배재하고 최대한 냉정하고 객관적으로 일본을 평가해보면, 1990년대 말까지는 훌륭한 성과를 많이 거둔 게 사실이다. 우리나라 경제 규모의 10배에 이를 정도였으니 어느 정도의 자화자찬은 감수할 수 있었다. 하지만 현재 한국과 일본의 위상은 꽤 달라졌다. 물론 세계적으로 여전히 일본의 위치는 낮지 않지만 우리나라와의 격차는 과거에 비해 크지 않은 상황이다. 일본은 '거품경제시대' 이후 연일 마이너스 성장을 거듭했고,

국민성이라는 뜻의 '민도民度'가 굉장히 악화됐다.

일본의 경제가 추락하자 덩달아 국민들의 경제적, 심적 여유도 사라졌고 인성마저 부정적으로 변했다. 더 이상 '친절하고 예의 바른 일본인'이라는 이미지가 성립하지 않는 것이다.

이런 국뽕방송을 통해 일본이라는 나라가 대단한 나라임을 국민들에게 세뇌시키고 자신들의 책임을 회피하려는 아베의 비열한 속내에 비위가 상할 지경이다.

세 번째는 〈세카이가오도로이타니폰, 스고이데스네 世界が驚いた日本、スゴイですね〉라는 방송이다. 한국어로 번역하면 '세계가 놀란 일본, 대단하네요' 정도가 될 것이다.

해당 방송은 일본에서 손꼽히는 기술 및 기술자에 대한 찬양에 관한 주제로 제작한다. 특정 분야별로 전 세계 전문가들을 초대해 일본 기술자의 솜씨를 보여줌으로써 그들의 감탄을 이끌어내는 것이다. 방송에 나오는 외국인들은 "일본 기술은 세계 최고입니다"라거나 "이건 프랑스에서는 상상도 하지 못할 일입니다"라고 하는 등 막무가내식 '일본 빨아주기'로 일관한다.

나는 여기서 두 가지를 말하고 싶다. 첫 번째는 과연 그 외국인들이 '세계적으로 인정받는 전문가가 맞느냐'는 점이다. 일본 방송에서 주장하는 것만큼 그들이 세계적인 전문가라는 사실을 받아들이기 힘들다.

두 번째는 지극히 비즈니스적인 관점에서의 접근이다. 출연자들은 방송 촬영 내내 극진한 대접을 받는다. 높은 수준의 비행기 좌석과 최고급 호텔 및 음식, 심지어 고가의 출연료까지 제공받는다. 시쳇말로 '돈을 주는 갑이 원하는 행동이라면 죽는 시늉이라도 할 수 있다'는 것이다. 그야말로 짜고 치는 고스톱과 다름없다는 의미다. 설사 일부 부정적인 반응이 있더라도 제작진이 '악마의 편집'을 하면 그만이다. 이래저래 조작방송이라는 의구심을 지울 수 없는 이유다.

네 번째는 〈아메지판구アメージパング〉라는 방송이다. '놀랍다'라는 뜻의 영어 'Amazing'을 일본어로 줄여 읽은 '아메'에 Japan의 옛말인 '지판구'의 합성어로 '놀라운 일본'이란 뜻이다.

그런데 이 방송은 선을 넘어도 한참 넘었다. 일본인보다 일본을 더 사랑하는 외국인을 취재하는데, 사무라이와 일본도, 갑옷 등 일본 특유의 문화에 심취해 있는 오타쿠 같은 이상한 외국인들을 찾아가 일본 찬양을 하도록 한다. 이른바 '일뽕 오타쿠 발굴 방송'인 셈이다.

방송별 주제가 정말 놀랄 만큼 충격적이어서 차마 설명하지 못할 정도다. 방송을 보면 진짜 손발이 오그라든다. 반면 일본인들은 이걸 보면서 '일본이 이렇게 대단한 나라였어'라며 환호성을 지른다. 겸손을 최고 미덕으로 여겼던 일본인들이 이런 국뽕방송을 만들다니, 일본의 쇠락이 눈에 훤히 보이는 듯하다.

다섯 번째는 〈고레조니폰류これぞ日本流〉라는 제목의 방송이다. 이 제목은 '이것이 바로 일본식이다'라는 뜻이다.

역시 주요 맥락은 크게 다르지 않다. 일본에서만 볼 수 있는 특별한 문화 또는 일상(예를 들어 일본 택시에 설치된 자동문 장치 같은 것)을 외국인에게 보여주며 놀라운 리액션을 이끌어내는 것이다. 일본 택시 자동문을 보고 놀라는 외국인의 모습을 담은 영상은 우리나라에서도 화제였다. 물론 부정적인 의미에서의 화제다. 마치 불덩이라도 삼킨 양 심하게 호들갑을 떠는 외국인의 반응이 너무 우습기 때문이다.

또 이 방송에서는 외국 시골마을을 찾아가 비데를 달아주고 외국인이 거기서 앉아서 용변을 보고 난 후 시원해하는 모습을 보여주기도 한다. 외국인은 비데를 사용한 후 "일본인들은 정말 행복하겠다"와 같은 식의 말을 내뱉는다. 정말 눈을 어디에 둬야 할지 모를 만큼 유치하다.

예전 일본 방송의 수준은 상당히 높았다. 사회적 문제를 짚어주거나 상상을 뛰어넘는 놀라운 기획을 가진 방송이 여럿이었다. 그런데 지금은 이런 말도 안 되는 방송을 보며 좋아하는 수준이 됐다. 일본의 의식 수준, 즉 민도民度가 한참 낮아졌음을 방증한다.

여섯 번째는 〈세카이노무라데핫켄, 곤나도코로니니폰진?世界の村で発見、こんなところに日本人？〉이라는 방송이다. 한국어로는 '세계 오지에서 발견, 이런 곳에 왜 일본인이?'라는 뜻이며, 국제결혼을 한 일본 여성을 주인공으로 한다.

이 방송도 너무 치졸하다. 주로 아프리카나 인도, 스리랑카 등 일본에 비해 경제력이 떨어지는 나라로 건너간 여성만 찾기 때문이다.

다른 나라에서 일본 여성이 겪고 있는 열악하고 낙후된 후진국의 모습과 부정적인 인상을 전달함으로써 반대로 일본의 위

일본의 택시가 자동문인걸 알자 머리를 부여잡고

아연실색하는 모습의 외국인들

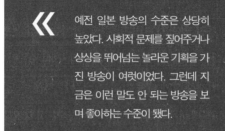

> 예전 일본 방송의 수준은 상당히 높았다. 사회적 문제를 짚어주거나 상상을 뛰어넘는 놀라운 기획을 가진 방송이 여럿이었다. 그런데 지금은 이런 말도 안 되는 방송을 보며 좋아하는 수준이 됐다.

대함을 보여주는 게 해당 방송의 시커먼 목적이다.

마지막으로 소개할 방송인 〈세카이잇테미타라혼토와콘나토코닷타世界行ってみたらホントはこんなトコだった〉 역시 앞의 방송과 비슷한 궤를 갖고 있다. '세계를 가보니까 실상은 이랬다'라는 뜻의 제목으로, 외국의 부정적인 부분을 집중적으로 보여줌으로써 일본에 대한 호감도와 충성도를 올리는 게 목적이다.

나는 아무리 노력해도 이런 국뽕방송의 내용을 맹목적으로 믿는 일본인의 태도를 도저히 이해할 수가 없다. 조작된 내용과 한정적인 장면만으로 전체를 매도하는 일본인의 행태는 '상식을 가진 일반인'이라면 결코 받아들이지 못할 것이다. 나날이 악화되는 경제 상황만큼 일본인의 인식, 즉 민도 역시 어리숙해지고 미개해졌기 때문이라는 생각을 지울 수 없다.

GDP 세계 3위라는 명성과는 달리 정작 일본인의 생활은 궁핍하기 그지없다. 물가는 높은데 월급은 적고, 현재를 쥐어짜도 미래가 불투명하니 삶이 행복할리 만무하다.

일본 경제는 마치 빙하에 부딪힌 '타이타닉호'와 같다. 의식 있는 경제학자라면 누구라도 일본 경제가 망해가고 있다는 사실을 부정하지 못하리라. 그런데 정작 일본만 혼자 '우리는 아직 저력이 있다'며 꼴사나운 발악을 하고 있다. 손바닥으로 하늘을 가릴 수 있을 거라 믿는 아베 정권의 우둔함에 한숨만 나올 뿐이다.

아베가 정권을 잡은 이후부터 이런 바보 같고 한심한 국뽕방송이 집중적으로 만들어지고 있는 것 역시 이러한 배경에서 비롯된다. 자신의 지지 기반으로 한 명이라도 더 끌어들이기 위해서는 세뇌가 필요했고, 가장 효과적이고 세련된 방식이 바로 국뽕방송이란 결론으로 귀결됐기 때문이다.

일본 국뽕방송의 확산을 보면 마치 베를린 올림픽 전 게르만

민족의 우수성을 자랑하며 국민을 세뇌했던 나치 정권이 연상된다. 이후 나치 정권은 독일 경제가 몰락한 책임을 유대인에게 물었고, 그들을 차별하고 탄압하며 끝내 대학살을 자행했다.

현재 아베 정권의 행보가 당시 독일과 비슷하다는 건 나만의 억지 주장이 아니다. 아베는 내년에 있을 도쿄 올림픽을 통해 일본의 우수성을 전 세계에 알리고 다시 강대국으로 올라서겠다는 의지를 숨기지 않는다. 국뽕방송은 자신의 계획을 지지할 자들을 늘리기 위한 세뇌 수단이다.

다만 나치 정권과 다른 건 아베 정권 유지를 위한 척결 대상이 유대인이 아닌 한국이라는 점이다. 정말 화가 치밀어 오른다. 왜 아베는 한국을 나치 정권의 유대인에 대입했을까? 간단하다. 만만하기 때문이다.

중국은 거대하다. 13억 명을 훌쩍 넘는 인구와 미국과 함께 TOP2를 이루는 경제력과 막강한 군사력은 일본으로서도 부담스럽다. 러시아는 물리적으로 멀리 떨어져 있고 강력한 군사력을 여전히 자랑하고 있어 섣불리 건드릴 수 없는 상대다. 결국 위치상으로 가깝고 경제력이 일본에 비해 낮은 한국이 그들이 찾은 가상의 적이 된 것이다.

나는 한국을 적대시하는 일본의 행태에 잠을 이루지 못할 만큼 분노를 느낀다. 하지만 한편으로는 적극적으로 이에 대응하지 않는 한국 정부도 미덥지 못하다. 한국인이 자의적으로 펼치고 있는 불매운동이 직접적이고 확실한 대응책으로 보일 정도이니 정부 차원의 좀 더 대찬 대응이 그 어느 때보다 절실하다.

최근에 나는 뉴스 이외에는 TV를 잘 보지 않는다. 온통 국뽕 방송에 맹목적인 '한국 까기 방송'이 전부인 탓이다. 예전에는 그나마 제대로 된 목소리를 내던 TV아사히와 TBS마저도 아베 정권의 지속적인 압박과 협박에 이제는 '국뽕방송국'으로 노선을 갈아탄 모양새다. 역사상 최악의 언론 통제 사례로 기록될 일이다.

정리하면 아베 정권 집권 이후 일본의 국뽕방송은 기하급수적으로 늘어났다. 이러한 국뽕방송의 목적은 마치 베를린올림픽 전의 과거 나치 정권처럼 자국민의 대단함과 우수성을 주장함으로써 현재 아베 정권에 대한 일본인의 불만을 외부로 돌리기 위함이다. 무엇보다 국뽕방송, 나아가 아베 정권은 우리나라를 가상의 적으로 삼아 일본인의 불만을 정부가 아닌 한국으로

향하게 하고자 하는 아주 비열하고 더러운 야욕을 품고 있다. 그리고 국뽕방송을 발판으로 일본의 우수성을 국민들에게 각인시켜 서서히 군국주의와 전체주의로 회귀를 시도하고 있다. 결국 자신들의 영원한 권력을 유지하기 위해서인 것이다. 우리가 일본의 국뽕방송을 '그저 안 보면 그만'이라는 시각에서 접근하면 안 되는 이유다.

나는 이 책을 통해 단지 반일운동이나 불매운동을 권하거나 일본에게 사죄를 요구하는 것만은 아니다. 나는 일본이라는 나라 자체가 아닌, 아베 정권을 혐오스럽게 생각한다. 제대로 대응하지 않는다면 이후 역사에서 아베 정권은 한민족에게 철천지 원수로 기록될 것이라 확신한다.

우리는 굳건한 중심을 잡고 우직한 발걸음으로 아베 정권에 대항해야 한다. 우리끼리 국론이 분열되면 더러운 야욕의 아베가 바라는 대로 흘러갈 뿐이다. 1998년 금모으기 운동에서 알수 있듯 우리나라는 하나의 목적을 위해 단단한 결집력을 보여주는 훌륭한 국민성이 있다. 우리가 하나로 뭉쳐 아베 정권에 대항한다면 대한민국을 만만하게 여긴 아베의 콧대가 '똑'하고 부러질 만큼 강력한 반격의 주먹을 내지를 수 있을 것이다.

지금은 우리가 단합해야 할 때다. 공동의 적을 앞에 두고 제발 우리끼리 싸우지 말자. 일본이 우리에게 머리를 숙여 진심으로 사죄할 그 날을 위해 온 국민이 힘을 합쳐 하나로 뭉쳐야만 한다.

독도가 시끄러워야 아베가 웃는다

일본의 독도의 분쟁지역화 시도에 대해

'무반응'으로 일관하는 게 좋다

일본의 더러운 속내를 가장 잘, 그리고 가장 오랫동안 확인할 수 있는 문제는 단연코 '독도'가 손꼽힌다. 말해봐야 입만 아프지만 '독도는 대한민국 영토'라는 당연한 사실을 새삼 분명히 하고자 한다.

독도는 단 한 점 의심의 여지도 없는 대한민국의 영토다. 주소

는 경상북도 울릉군 울릉읍 독도리, 우편번호는 799-805를 부여받은 엄연한 우리나라 국토의 일부다. 휴대전화 기지국도 설치한 덕분에 스마트폰도 자유롭게 사용할 수 있고, 경찰도 상주하고 있다. 독도 첫 상주 공무원인 이임종과 매년 당당히 주민세를 내고 있는 최초의 주민 최종덕을 비롯하여 실효지배의 증거는 차고 넘친다.

그런데 왜 일본은 우리나라 영토를 대상으로 자꾸 분쟁을 일으키는 것일까? 꽤나 많은 부분을 정치적 이유가 차지하겠지만, 일본인 중에는 독도가 실제로 자기네 영토라고 생각하는 사람이 많다. 우리나라가 완벽하게 실효지배하고 있는 독도가 국내

법적으로는 전혀 문제가 없는데, 왜 일본은 존재하지도 않는 문제를 애써 만들어내는 것일까?

숨겨진 속내는 국내 법적으로 한국이 실효지배하고 있는 독도를 분쟁지역화해서 국제적 문제로 키우고자 하는 것이다. 국제적 분쟁을 담당하는 국제사법재판소ICJInternational Court of Justice에 소속된 전·현직 일본인 재판관은 이와사와 유지, 오다 시게루, 다나카 코타로, 오와다 히사시 등 무려 4명이다. 특히 마지막으로 언급한 오와다 히사시란 사람은 현재 일본 왕비인 마사코의 친아버지로, 2012년까지 국제사법재판소 소장을 역임했고 이후 2018년까지 재판관으로 재임했다. 이처럼 국제사법재판소에서 일본의 영향력은 굉장히 크다. 일본이 국제사법재판소에 많은 자금을 지원하고 있기도 하다. 이에 비해 한국은 아직까지 국제사법재판소의 재판관을 배출하지 못했다.

바로 이것이 일본이 국제사법재판소로 독도 영유권 문제를 끌고 가려는 의도다. 일본은 장기적인 관점에서 한국의 독도를 분쟁지역화하려는 다양한 프로젝트를 꾸준히 추진하고 있다.

국내 법적으로 실효지배를 하고 있다고 하면 아무 문제가 없지만, 영토분쟁의 상대 국가가 계속 이의를 제기하면 해당 지역이 '점유지'가 된다는 사실을 파고든 것이다. 일본이 지금처럼 끊임없이 독도에 관한 논란을 일으키면 '실효지배'가 아니라 '점유지'로 인식되기 때문에 국제사법재판소의 판단을 받아야 할 경우가 생길 수도 있다.

국제사법재판소에서 강력한 영향력을 행사하는 일본이 독도를 자꾸 국제적 문제로 키우려고 하는 수작인데, 우리가 이에 반응하면 일본의 의도대로 되는 것이다. 나는 이러한 일본의 독도의 분쟁지역화 시도에 대해 '무반응'으로 일관하는 게 좋다고 생각한다.

다소 조악하지만 이해하기 쉽게 한 가지 예를 들어보자. 당신의 지갑 속에는 지금 꽤 많은 현금이 있다. 당연히 이건 당신의 돈이다. 그런데 옆에서 당신의 지갑을 훔쳐본 어떤 사람이 밑도 끝도 없이 "그건 내 돈이다"라고 주장한다. 이런 상황에서 최선의 대응은 무엇일까?

그렇다. 바로 철저한 '무시'가 답이다. 지갑 속 돈은 누가 봐도 당신의 노력으로 채워진 것이다. 그런데 어떤 사람의 일방적인 주장에 일일이 대응할 필요는 전혀 없다.

만약 '이건 내가 이런저런 일을 해서 번 돈이다'와 같이 상대방의 억지에 장단을 맞춰주기 시작하면 없던 여지가 생기고 만다. 상대방은 그 말을 받아 더 큰 논란을 부추길 테고, 마침내 경찰서에 가자고 주장할지도 모른다. 게다가 하필이면 상대방의 부모가 경찰의 고위직에 재직하고 있다. 상대방은 일관되게 분쟁의 원인이 된 돈을 당신이 훔쳐 갔다고 목소리를 높일 것이다. 당신이 할 수 있는 건 그건 내 돈이라는 말만 반복하는 것뿐이다. 결국 논란에 지친 당신은 지갑 속 돈 중 일부를 상대방에게 주는 조건으로 합의를 하고 경찰서를 나설지도 모른다.

얼토당토않다고 생각하는가? 일본의 독도 논란은 이보다 더 어처구니가 없는 일이다. 그런데도 많은 나라에서는 독도를 분쟁지역으로 여기는가 하면 아예 일본 영토로 알고 있는 경우도 있다. 반응하지 않았다면 생기지 않았을 문제가, 문제를 삼아서 문제가 된 꼴이다.

물론 일본의 이러한 도발에 무반응으로 대응하는 건 정치적이든, 국제법적이든 쉽지 않은 방법이다. 하지만 그렇다고 해서 일본의 의도대로 국제적 논란으로 비화시키는 건 더더욱 옳지 않다. 많은 전문가들이 '국제사법재판소로 가면 일본이 독도의

보수단체가 모여 아베 인형과 일장기를 불태우는 등의

퍼포먼스는 당장 멈춰야 한다.

일본 언론은 이러한 장면을 교묘하게 편집해

해외 여러 나라와 일본 국내의 시선을 호도하는 한편

한국에 압박을 가하는 데 사용하기 때문이다.

일부를 할양받을 가능성이 있을 것'이라는 의견을 내놓고 있다
는 사실도 무반응 혹은 무시라는 대처에 무게를 더한다.

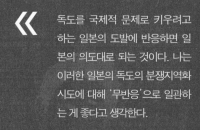

독도를 국제적 문제로 키우려고 하는 일본의 도발에 반응하면 일본의 의도대로 되는 것이다. 나는 이러한 일본의 독도의 분쟁지역화 시도에 대해 '무반응'으로 일관하는 게 좋다고 생각한다.

우리나라는 일본의 독도 논란화 시도에 대해 침소봉대할 필요가 없다. 일본 외교관을 초치해서 외교적이고 공식적인 항의를 하는 선에서 끝내야 한다.

보수단체가 모여 아베 인형과 일장기를 불태우는 퍼포먼스는 당장 멈춰야 한다. 일본 언론은 이러한 장면을 교묘하게 편집해 해외 여러 나라와 일본 국내의 시선을 호도하는 한편 한국에 압박을 가하는 데 사용한다. 가장 간단하고 확실한 독도 영유권 문제의 대처법은 무반응 혹은 무시라고 확신한다.

아베 정권 아래 일본 언론은 너무나 영악하고 조직적으로 움직인다. 그동안 우리나라 언론은 일본의 망언을 집중적으로 보

아베는 지지도가 떨어지거나 정치적인 위기가 있을 때마다

독도 망언을 반복해 지지층을 결집해왔다.

이러한 악순환의 고리를 우리가 먼저 끊어버려야 한다.

도하는 경향이 있었다. 해당 뉴스를 접한 우리 국민과 각종 보수
단체는 전국에서 강렬한 항의시위를 펼치곤 한다. 일본 언론은
그런 시위현장의 모습을 촬영해 자극적으로 편집한 후 방송을

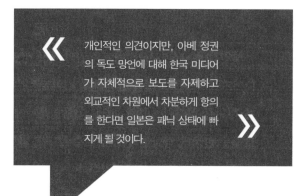

개인적인 의견이지만, 아베 정권의 독도 망언에 대해 한국 미디어가 자체적으로 보도를 자제하고 외교적인 차원에서 차분하게 항의를 한다면 일본은 패닉 상태에 빠지게 될 것이다.

내보낸다. 이러한 방송으로 일본인의 반한감정은 나날이 높아져만 간다.

국민적인 반한감정이 형성되면 우익 지지층의 결집과 아베 지지율 상승으로 이어진다. 아베 정권이 공고해질수록 국방비는 확대되고, 이를 통해 독도 문제를 더욱 강력하게 국제사회에 어필할 수 있게 된다.

이처럼 독도 문제는 아베 정권에 실보다 득을 훨씬 많이 안겨준다. 그래서 아베는 지지도가 떨어지거나 정치적인 위기가 있을 때마다 독도 망언을 반복해 지지층을 결집해왔다. 이러한 악순환의 고리를 우리가 끊어버려야 한다.

　개인적인 의견이지만, 아베 정권의 독도 망언에 대해 한국 미디어가 자체적으로 보도를 자제하고 외교적인 차원에서 차분하게 항의를 한다면 일본은 패닉 상태에 빠지게 될 것이다. 항상 그렇듯 한국의 격렬한 반응을 예측했지만, 너무나 차분한 대응에 갈피를 잡지 못하리라 생각한다.

　우리 국민들도 일본인과 이 문제로 싸울 필요가 없다. 상대와의 논쟁에 이기기 위해 독도의 역사를 공부할 필요도 없다. 독도는 명백히 우리가 실효지배하고 있는 영토이기 때문이다. 지금까지의 영토 분쟁에 관한 국제법적 판례를 보더라도 실효지배하고 있다는 사실이 가장 큰 판결의 기준이었기에 만에 하나그럴 가능성은 희박하지만 국제사법재판소에 독도 영토 문제가 회부된다고 하더라도 유리한 것은 우리나라다.

　일본인은 대체 언제까지 말도 안 되는 억지를 부릴까? 기본적인 상식만 있다면 지금 자신들의 행동이 얼마만큼 부끄러운지 알 것이다. 그런데 일본, 특히 아베는 최소한의 사람다움조차 없는 모양이다. 제발 후대에 길이길이 남을 흑역사는 여기까지이길 바란다.

아베 정권 몰락의 신호탄, 불매운동

궁지에 몰린 아베, 다음 수가 보이지 않는다

최근 아베와 일본 정부의 이해할 수 없는 행보로 한일관계가 급격한 악화일로를 걷고 있다. 한국 정부는 동원 가능한 외교적인 방법을 총동원해 적극적인 대응에 나서고 있고, 이에 국민들도 '불매운동'이란 형태로 힘을 보태고 있는 형국이다.

세계적인 의류기업으로 성장한 유니클로의 극적인 매출 하락과 수년 내내 국내 수입맥주 시장의 절대강자 지위를 유지했던 일본산 맥주들의 추락 등 대한민국 국민들의 단합된 행동의 결과는 처음부터 끝까지 불매운동의 효과를 우습게 생각했던 일본 정부의 코를 납작하게 만들었다.

지난 1998년 IMF사태 당시 국민들은 너도나도 장롱 깊숙이 숨겨둔 금을 꺼내 국가 경제 회생에 결정적인 역할을 했다. 우리나라 국민성을 '냄비 쉽게 뜨거워지고 쉽게 식는 성향'에 비유하는 사람도 있지만, 나는 '단합'이라는 말로 표현하고 싶다. 보잘 것 없는 낙숫물이 바위를 뚫는 것처럼 국민들의 단합된 불매운동은 분명 아베 정권에 치명타로 작용할 것이라 믿어 의심치 않는다.

일본 현지 수많은 매체와 우익 인사들은 연일 한국의 불매운동을 평가절하하느라 바쁜 모양새다. 한국에 있는 일부 일본 기업들도 '막말'을 내뱉으며 이 같은 의견에 동조하고 있다. 그들의 말을 그대로 옮겨보자면, "대 한국 시장의 규모가 그렇게 크지 않은 일본의 경제적 특성상 타격은 미미할 것이다"라는 주장이다.

하지만 이는 지극히 단순한 일차원적인 생각일 뿐이다. 우리나라의 일본 불매운동은 파급력이 어마어마하다. 불매운동이 일본에게 치명적인 타격을 주는 '관광산업 보이콧'으로 연결된 까닭이다.

우리나라의 한 해 일본 방문객 수는 무려 750만 명에 이른다. 일본에게 '멀고도 가까운 나라'인 한국은 분명 일본 관광산업의 큰 축을 차지한다. 하지만 일본 불매운동 이후 일본 방문 관광객 수는 확연한 감소세를 보인다. 일부 통계에서는 올해 방문객 수가 50% 이상 줄 것이라는 예측을 내놓기도 했다. 직장인의 연봉이 절반 이하로 줄어든 상황과 같다.

그나마 나머지 절반에 해당하는 방문객도 오롯이 관광객을 셈한 것이 아니라는 사실에 주목해야 한다. 현재 우리나라의 일본 주요 방문 도시는 도쿄와 오사카 등 일부 대도시에 집중돼있다. 이 같은 통계는 우리나라 국민들의 일본 방문 목적이 단순한 관광이 아닌 '비즈니스'와 관련한다는 사실을 방증한다. 다시 말해 불가피한 비즈니스 목적의 방문객을 제외한 순수 관광객의 감소 효과는 보이는 수치 이상이라는 의미다.

실제로 관광산업 중심의 지방 도시들은 벌써부터 한국 관광객 감소에 실질적인 타격을 입고 있다. 최근 이슈가 된 '대마도 한국 관광객 전무全無' 역시 같은 맥락이다.

일본조차 예상하지 못한 한국인의 반격은 우리 스스로도 미처 예상하지 못한 부분이 있다. 몇몇 한국 지인들은 "우리의 일본 여행 보이콧이 이렇게까지 큰 파장을 미칠지는 몰랐다"고 말한다. 수많은 나라에서 관광객이 몰리는 일본이 왜 한국이란 한 나라의 보이콧에 이렇게 전전긍긍할까?

앞서 언급했듯이 '멀고도 가까운 나라'인 한국과 일본은 서로 간의 방문이 상대적으로 수월하다는 특징이 있다. 비행기로 1~2시간이면 일본 곳곳을 갈 수 있는 덕분에 주말 혹은 연휴에 부담 없이 방문하는 여행지라는 인식을 갖게 된 것이다. 이러한 물리적 이점 때문에 일본을 자주 방문하는 한국인이 늘어났고, 처음에는 도쿄와 오사카 같은 대도시에 몰리던 인원이 점차 잘 알려지지 않은 지방 도시로 퍼져나가게 되었다.

한국인이 업무차 많이 방문하는 도쿄와 오사카 등 대도시와는 달리 관광산업을 중심으로 지탱되는 지방 도시의 경우 한국인의 보이콧이 치명적으로 작용하는 이유다.

조금 더 자세히 살펴보자. 일본 전국의 현을 대상으로 한국 관광객이 가장 많은 7개 지역의 실태를 조사해보았다. 해당 지역은 한국인 보이콧 이후 개인 업소의 매출 하락은 물론 전반적인 관광산업이 '개점휴업' 상태와 마찬가지라고 한다. 참고로 해당 순위는 각 지역별 한 해 한국 관광객 수를 기준으로 했으며 아베와 그를 지지하는 자민당과 연계한 설명을 덧붙이고자 한다.

7위는 오키나와현이다. 남국 푸른 바다와 무더운 기후를 가진 오키나와는 일본 본토보다는 대만에서 가까운 섬으로 마치 하와이와 같은 느낌을 주는 이국적인 관광지다. 특히 오키나와는 관광산업 이외에 내세울 게 없는 지역으로, 다시 말해 관광객의 수가 지역 경제와 직결되는 구조를 갖고 있다. 오키나와 관광객 중 한국인이 차지하는 비율은 무려 26.9%다. 외국인 관광객 중 압도적인 1위가 바로 한국인 것이다.

재미있는 것은 오키나와 지역 주민들은 특히 아베 정권을 싫어하는 경향이 있다. 현재 오키나와 지역을 선거구로 두고 있는 자민당 소속 의원 3명은 관광업 종사자를 중심으로 한 시민들의 불만을 한 몸에 받고 있다고 한다. 한국의 보이콧이 길어질수록 적어도 오키나와에서는 아베와 그 추종자들이 설 자리가 줄어들 것이다.

BOYCOTT JAPAN
'가지 않습니다'
'사지 않습니다'

　6위는 사가현이다. 사가현의 한국인 관광객 비율은 32.7%
다. 사가현에 정치적 기반이 있는 자민당 의원은 총 4명이다.

　5위는 구마모토현이다. 구마모토 성으로 유명한 이곳은 한국

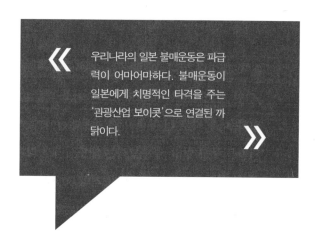

> 우리나라의 일본 불매운동은 파급력이 어마어마하다. 불매운동이 일본에게 치명적인 타격을 주는 '관광산업 보이콧'으로 연결된 까닭이다.

인 관광객 비율이 38%에 이른다. 자민당 국회의원 6명이 소속돼있다.

4위는 나가사키현이다. 나가사키 짬뽕으로 알려진 이곳은 한국에서 굉장히 가까운 지역이다. 나가사키현의 한국인 관광객은 45.9%로 압도적인 1위다. 나가사키현에는 자민당 의원이 6명이나 된다.

3위는 후쿠오카현이다. 후쿠오카현은 한국인 관광객 비율이 56.8%로 절반을 훌쩍 넘는다. 후쿠오카현의 자민당 국회의원은 13명이나 된다. 이 중에는 아베 총리의 오른팔로 활동하며 '망언 제조기'라는 악명이 있는 '아소 다로麻生太郎'가 포함돼 있다. 아소 다로 현 부총리 겸 재무대신이 후쿠오카에 정치적인 기반을 두고 있다. 후쿠오카는 대도시라서 다른 산업도 많긴 하지만 한국인 관광객의 비율이 거의 60%에 가깝기 때문에 관광업에 종사하는 사람들의 불만이 정치인들을 향할 가능성이 굉장히 높다.

2위는 야마구치현이다. 무려 62.8%의 비율로 한국인 관광객 비중이 1위를 차지하는 지역이다. 야마구치현의 자민당 의원은 총 6명으로 아베 신조 총리의 지역구가 바로 이곳이다. 또한 하야시 요시마사라고 하는 전 문부과학대신이자 아베 총리가 굉장히 총애하는 거물 정치인도 해당 지역의 의원이다.

한편 야마구치현은 조선을 합병하는 데 큰 역할을 한 이토 히로부미 초대 총감의 고향이기도 하다. 이래저래 우리에게는 '주적'이나 마찬가지인 지역이다.

대망의 1위는 오이타현이다. 전통적인 일본 소주가 유명한 지역으로 주조와 관광업 이외에는 대단한 산업이 없다. 특히 온천이 많아 관광산업으로 크게 발달한 곳이다. 오이타현을 찾는 관광객 중 한국인의 비율은 무려 63.9%에 이른다. 관광객 3명 중 2명이 한국인인 셈이다. 앞으로 이 수치가 지속적으로 줄어들기를 기대해본다.

오이타현에는 자민당 의원 3명이 있다. 이 중 전 방위청 장관을 지낸 에토 세이시로라는 의원이 있는데, 이 인물은 일제 강점기 시기 전남 강진에서 출생한 한국인이라는 독특한 이력이 있다. 그래서인지 한국에 대해서 애증을 많이 갖고 있다고 한다.

또한 과거 친한 인사로 유명한 하토야마 전 총리의 비서를 지낸 이와야 다케시 의원도 주목해야 한다. 다케시 의원은 자신의 정치적 입지를 다져준 하토야마 전 총리를 배신하고 아베 총리에게 줄을 선 인물이다. 일본 정치계에서 변절자라는 낙인이 찍힌 사람이다. 정치판에 영원한 적도 영원한 친구도 없다고 하지만 특히나 일본 우익에게는 결코 신뢰할 수 없는 존재라고 확신한다.

■

궁지에 몰린 아베, 다음 수가 보이지 않는다

지금까지 한국인 관광객 비율이 1위인 7개 지역(현)을 소개했는데, 해당 지역에는 자민당 의원 총 41명이 소속돼있다. 그 중 후쿠오카를 제외한 나머지 지역은 관광산업 이외의 산업이 미미한 지역이다.

아직은 불매운동을 시작한 지 얼마 되지 않았고, 한일관계가 악화되기 전에 이미 예약을 해둔 사람들이 취소 수수료가 비싸 어쩔 수 없이 일본을 방문하고 있는 상황이기에 각 지역 상인들은 지금까지는 그럭저럭 버티고 있다고 한다. 하지만 대마도를 필두로 일부 지역에서는 벌써부터 실질적인 타격이 일어나고 있음이 객관적인 수치로 나타나고 있다. 앞으로 한국인 관광객이 완전히 줄어드는 9월부터는 각 지역 유지들이 지역구 의원들에게 현재의 상황을 타개해달라는 강력한 항의를 시작하게 될 것이다.

만약 불매운동이 계속돼 관광객 수가 지금보다 현저히 적어진다면 각 지역 경제는 돌이킬 수 없는 파국을 맞이할 가능성도 충분하다. 그것은 단순한 경제 악화에 그치지 않을 것이다. 일본은 한국 정치 시스템과 달리 각 지역의 선거구를 세습하는 경우가 많다. 마치 북한의 정권 세습처럼 말이다. 그래서 각 지역 의원들은 필사적으로 주민의 이익을 추구하고 그들의 일상을 지켜야 한다. 의원들이 시간이 남아돌아서 지역 유지들로 구성된 각종 단체와 '후원회'나 '간담회'를 갖는 게 아니다.

지역 주민들의 불만이 이어진다면 7개 지역 41명의 자민당 의원들은 도쿄로 올라가 아베 총리, 아베 정권에 정치적인 압박과 압력을 가할 가능성이 굉장히 높다. 물론 후쿠오카현 같은 대도시는 한국인 관광객이 줄어든다고 해서 경제적 타격을 크게 입지는 않을 것 같지만, 나머지 현은 관광업이 주 소득원인 지역이기 때문에 타격이 심각할 것이며 주민들의 불만이 봇물 터지듯 터져 나올 것이 자명하다. 우리가 일본 관광 보이콧을 계속한다면 경제는 물론 아베 정권에 심각한 타격을 입힐 수 있다고 확신하는 근거다.

일본 관광 산업은 그간 지속적인 성장을 거듭해왔다. 2013년 1000만 명 수준이던 해외 관광객 수는 불과 5년 만인 2018년 3000만 명을 돌파하며 무려 3배 이상 성장했다. 일본 관광청은 도쿄 올림픽이 열리는 내년에는 관광객 수가 4000만 명을 돌파할 것으로 내다봤다.

모든 방송에서 자국의 관광산업을 낙관적으로 예측한 까닭에 앞서 꼽은 7개 현을 비롯한 일본 다수의 지방 도시는 적극적으로 관광업에 투자하기 시작했다. 개인은 물론 지자체까지 관광 콘텐츠 개발에 사활을 건 것이다.

지방 도시의 골칫거리인 '아키야空き家'라는 빈 집을 숙박시설로 개조하거나 민간자본을 빌려 중소 규모의 호텔을 짓고, 은행 대출을 얻어 관광버스를 다수 구매하는 등 한동안 일본은 관광산업 호황이라는 장밋빛 미래를 그리고 있었다.

하지만 아베의 망언과 이해할 수 없는 행동으로 일본에 대한 보이콧이 지속되자 한국인의 방문 비율이 압도적으로 높은 도시들을 중심으로 관광산업이 잿빛으로 변하고 있다. 한국의 보이콧이 조금만 더 지속된다면 해당 지역들을 시작으로 전국 지방 도시의 관광산업 종사자들이 아베 정권을 향해 심판의 칼을 뺄 가능성이 매우 높다고 생각한다.

나는 도저히 이해가 되지 않는다. 과연 아베 정권의 경제보복 조치는 누구를 위한 것일까? 아베의 이번 경제보복 조치 선언은

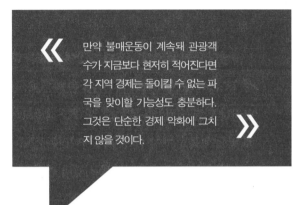

> 만약 불매운동이 계속돼 관광객 수가 지금보다 현저히 적어진다면 각 지역 경제는 돌이킬 수 없는 파국을 맞이할 가능성도 충분하다. 그것은 단순한 경제 악화에 그치지 않을 것이다.

지극히 정치적인 면에서 시행됐다는 의견이 우세하다. 선거 전에 경제보복 조치를 기습 발표함으로써 우익층의 결집을 도모해 압승을 거둔 후 전쟁이 가능한 나라로 헌법을 바꾸려고 한 것이다.

하지만 결과는 아베 총리의 시커먼 의도와는 정반대로 나왔다. 한일 양국 보수 언론들은 '자민당의 압승'이라는 내용의 보도를 내보냈지만, 실상은 66석에서 57석으로 무려 9석이나 줄어든 '패배'였다. 어떻게 의석이 9석이나 줄어들었는데 성공이라고 할 수 있을까? 그저 그들만의 정신승리일 뿐이다. 해당 선거 결과는 이번 경제보복 조치가 자민당 정권 유지 차원에서조차 실패했다는 의미다.

그렇다고 자국 경제 보호나 성장에 도움을 준 것도 아니다. 삼성, LG, SK 등 우리나라 대기업들은 빠른 속도로 대체품을 개발하거나 다른 수입처를 찾는 등 피해를 최소화하고 있다. 쉽게 말해 일본에 목을 매야 할 상황이 아니라는 것이다.

우리나라가 전 세계 반도체 시장의 패권을 쥐고 있다는 점에서도 경제보복 조치를 이해할 수 없다. 4차 산업혁명 시대에서 반도체라는 무기는 중동의 OPEC이 가진 석유와 마찬가지로 절대적인 위력이 있다. 오히려 우리나라가 반도체를 무기화할 수 있는 아주 강력한 패를 손 안에 쥐고 있는 셈이다.

만약에 삼성이나 SK가 반도체 생산을 줄이거나 수출을 제한한다고 가정해보자. 곧바로 반도체 가격이 급등할 것이다. 결국 일본은 같은 수량의 반도체를 아주 비싼 가격에 구매해야 한다. 1개에 100원이던 상품의 가격이 200원, 300원으로 오르면 그 손해는 오롯이 소비자가 감당해야 한다.

문제는 여기서 그치지 않는다. 올라간 반도체 가격은 다른 나라에게도 고스란히 적용된다. 미국이나 중국의 입장에서는 괜히 일본이 한국을 건드리는 탓에 자신들도 손해를 보는 격이 된다. 세계 1, 2위 강대국이 이러한 일본의 실수를 그냥 넘길 것이란 기대는 너무 긍정적인 상상이다.

일본은 지금 반도체 디스플레이 부품 소재 기업들의 신뢰도가 바닥에 떨어졌다. 전 세계 기업들이 일본이 언제라도 자국 부품 소재를 무기화 할 수 있다는 사실을 인식하게 된 것이다. 일본 내 반도체 소재 기업들의 주가는 하락세를 기록하고 있다. 자신들의 정권 유지를 위한 성급하고 오만한 결정이 자국민의 일상은 물론 국가 경제까지 좀먹는 꼴이다.

경제보복 조치는 종교적으로도 악영향을 끼쳤다. 앞서 '도박천국 일본'에서 다룬, 아베 총리의 자민당과 함께 연립여당을 구성한 '공명당'의 모체는 창가학회SGISoka Gakkai International라는 종교단체다. 창가학회는 세계 평화를 기본 철학으로 삼는다. 특히 한일관계와 평화를 중시하는 창가학회는 '일한관계', '일한평화'와 같이 일본을 단어 앞에 놓는 다른 일본인들과는 달리 '한일관계', '한일평화'처럼 한국을 우선한다. 한국을 존경해야 하는 형님과 같은 존재라고 생각하는 것이다. 이처럼 한국에 우호적인 이유는 창가학회의 기둥이 재일교포에 있기 때문이다. 창가학회는 재일교포의 재력과 노력으로 유지되고 있는 종교단체라고 할 수 있다.

우리나라 불매운동의 시작점인 '유니클로'의 야나이 회장은 대표적인 창가학회 신자다. 야나이 회장은 한국에 굉장한 호감을 가진 인물로 유명하다. 실제로 일본 본사에서 한국인 직원을 많이 뽑고 있으며 야나이 회장은 아베 정권에 대해 비판적인 의견을 내고 있는 사람이다. 다이소 역시 창가학회 계열의 기업이다.

물론 "유니클로나 다이소의 회장은 한국을 사랑하는 창가협회와 공명당의 회원이니까 불매운동을 하지 마라"라는 말을 하겠다는 게 절대 아니다. 개인적으로는 현재 한국의 불매운동을 적극적으로 지지하고 있다는 걸 분명히 밝힌다.

다만 이들 기업이 한국에서 입는 경제적인 피해를 연립여당인 공명당이 대변할 가능성이 있다는 점을 설명하고자 한다. 공명당은 원래부터 자민당이 헌법을 개헌해 전쟁이 가능한 나라로 만들려는 시도를 극렬하게 반대한 정당이다. 공명당과의 연정 덕분에 자민당이 현재의 힘을 가졌지만, 반대로 공명당이란 존재 덕분에 자민당의 폭거를 막을 수 있었던 것이다.

만약 한국의 불매운동이 이들 기업에게 더 큰 피해를 입힌다면, 공명당에서는 어떤 방식으로든 자민당을 압박할 가능성이 높다. 부가적으로 창가학회 회원들의 지지도 떨어져 나갈 게 뻔하다. 다시 말해 우리의 불매운동은 계속돼야 한다는 의미다.

　일본에서는 재일교포의 힘이 매우 강하다. ABC 마트의 창업자 미키 마사히로도 재일교포로 본명이 강정호로 밝혀졌다. 이외에도 재일교포 자본의 일본계 회사는 다 열거하기 힘들 정도다. 소비자 금융(대부업), 도박산업, 서비스산업 등 일본에서 재일교포들의 경제력은 엄청나다. 일본의 돈줄을 쥐고 있다는 표현이 그리 틀리지 않다.

　이번 경제보복 조치로 인해 발동한 불매운동 탓에 재일교포들이 피해를 입게 됐고, 이들이 한목소리로 아베 정권에 불만을 내뱉을 가능성이 높아지고 있다. 아베의 현재 상황은 그야말로 사면초가다.

　이처럼 일본에서 관광산업에 종사하는 수많은 사람과 한국 관련 기업인들의 불만, 정치적 동지의 항의 등 아베의 경제보복 조치는 단 하나의 긍정적인 결과도 찾아볼 수 없다. 각종 매체를 통해 불매운동이 효과가 없다고 거짓 보도를 내보내는 행보는 오히려 아베 정권이 궁지에 몰렸음을 스스로 증명하는 꼴밖에 되지 않는다.

결국 아베의 이번 경제보복 조치는 정치적, 경제적, 종교적인 면에서 모두 실패한 최악의 악수라는 오명을 피할 수 없을 것이다. 만약 아베 몰락의 시발점을 꼽으라면 주저 없이 이번 경제보복 조치 선언 시점을 선택하겠다. 도끼로 자기 발등을 찍은 아베의 현재 상황, 그야말로 쌤통이다.

이스라엘 사람이
독일 차를 타지 않는 이유

일본에서도 불매운동은 가능하다

나는 2019년 2월부터 꾸준히 유튜브를 통해 시청자들과 소통하려 노력했다. 유용하고 좋은 정보를 전달하기 위해 나름대로 최선을 다했다고 자부하지만, 최근 그런 신념이 조금은 흔들리고 있다. 일본의 경제보복 조치 이후 유독 많은 '악플'에 시달리고 있기 때문이다. 주변 지인들은 차라리 댓글을 보지 말라고 조언

하지만 콘텐츠를 본 시청자의 반응을 확인하는 건 의무이자 책임이라는 생각에 악플을 피하지 않는다.

악플 중 가장 가슴 아픈 내용은 "일본에 살면서 일본 상품만 쓰는 주제에 우리나라 사람들한테 불매운동을 하라고 얘기할 수 있느냐"는 것이었다. 시청자 입장에서는 내가 일본에 살고 있으니 불매운동도 하지 못할 텐데, 한국인에게 불매운동을 강요하는 모양새가 그다지 탐탁지 않을 수 있다.

하지만 이 부분은 조금 억울하다. 물론 일본에 거주하면서 일본 제품을 전혀 사용하지 않을 수는 없다. 그럼에도 불구하고 실현 가능한 선에서 최대한 열심히 불매운동을 하고 있음을 분명히 밝히고 싶다.

내가 사용하는 TV와 컴퓨터는 모두 한국산 제품이다. 일부러 해외 배송비를 내고 LG와 '아싸컴'이라는 조립 컴퓨터 제조회사의 상품을 사서 사용하고 있다. 무선 스피커도 한국산 제품이고 회사의 가전제품 역시 가능한 상품은 모두 한국산 제품들로 채웠다.

유튜브를 찍을 때 사용하는 제품은 삼성의 NX3000이다. 캐논과 니콘 등으로 대표되는 세계적인 카메라 강국인 일본에 거

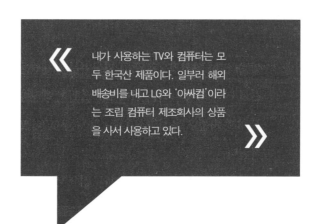

> 《 내가 사용하는 TV와 컴퓨터는 모두 한국산 제품이다. 일부러 해외 배송비를 내고 LG와 '아싸컴'이라는 조립 컴퓨터 제조회사의 상품을 사서 사용하고 있다. 》

주하는 덕분에 현지에서 저렴하게 일본 제품을 살 수 있지만 굳이 한국에 가서 삼성 카메라를 구매해 사용하고 있다. 휴대전화 역시 삼성의 갤럭시 시리즈다.

물론 한국에서 이미 불매운동이 활성화된 현재 상황에서 내세울 만큼 대단한 일은 아니지만, 방송을 보는 시청자들에게 부끄럽지 않도록 나름대로 최선을 다해 불매운동을 실천하고 있다는 사실을 알아주길 바라는 마음이다.

참고로 자동차 역시 한국의 제네시스 혹은 i30를 사고 싶었다. 하지만 현대자동차에 문의해본 결과 일본에는 정식으로 수입되지 않아 구매가 불가능하다는 답변을 받았다. 아쉽지만 어

쩔 수 없이 차선책으로 독일 자동차를 선택하게 됐다. 그리고 회
사의 리스 차량은 다른 선택지가 없었기 때문에 어쩔 수 없이 일
본 자동차를 사용하고 있다는 점은 부디 너그럽게 이해해주길
바란다.

아울러 아주 작은 부분이지만, 집에서 음주를 즐길 때는 꼭 한
국 소주를 마신다. 일본 소주보다 비싼 가격이지만 진로나 경월
등 한국 소주를 큼지막한 패트 병으로 사서 집에 구비해놓는다.
할 수 있는 부분에서는 최대한 한국산 제품을 이용하려고 노력
하고 있다.

또한 "그렇게 일본을 싫어하는데 왜 일본에서 사느냐?"는 댓
글에 대해서도 해명하고 싶다. 나는 미국에서 오랫동안 살았다.
실제로 미국 영주권자이기도 하다. 미국에서 살던 당시 한 지인
을 통해 일본 여성을 소개받았다. 바로 지금의 아내다.

첫눈에 아내에게 반해 정식으로 프러포즈를 했고, 그렇게 아내
와 함께 일본생활을 시작했다. 지극히 개인적인 선택이기에 부디
너그러운 시선으로 이해해주길 간절히 부탁한다.

나는 늘 내가 한국인이라는 사실을 잊지 않으려 노력한다. 한
국인으로서 자부심을 갖고 일본 현지에서 일어나는 불합리한

일들을 널리 알리고 정상화하려 최선을 다한다. 유튜브 제작과 방송, 일본 실태 서적 출판 등은 모두 이러한 노력의 일환이다. 앞으로도 다양한 창구를 통해 일본 현실을 우리나라 국민에게 가감 없이 전할 수 있도록 더욱 왕성한 활동을 펼칠 계획이다.

이스라엘인의 선택지에 독일 자동차는 없다

"일본 제품을 쓰는 게 뭐가 문제냐?"

"품질 좋은 일본 제품을 사용하는 게 진정한 선진의식이다."

"이성적이고 선진적인 사람이라면 감정이 아닌 제품의 품질을 기준으로 선택해야 한다."

유튜브 영상에 달린 댓글이다. 그들의 생각을 무조건 부정할 생각은 없다. 그들이 그렇게 하고 싶다면 불매운동을 강제할 방법은 없다. 다만 일본의 민낯을 전달함으로써 우리나라 국민들이 올바른 기준으로 올바른 선택을 할 수 있도록 돕는 게 나의 역할이라는 다짐을 할 뿐이다.

Rk	Make	Model	Sales
1	Kia	Picanto	11,765
2	Kia	Sportage	11,631
3	Toyota	Corolla	9,118
4	Škoda	Octavia	8,661
5	Hyundai	Ioniq	7,198
6	Mitsubishi	Outlander	6,939
7	Hyundai	Tucson	6,742
8	Hyundai	i10	6,143
9	Mazda	3	5,901
10	Renault	Clio	5,823

현재 이스라엘에서

자동차 판매 1위 회사는

'현대·기아자동차'다.

이스라엘 자동차 시장 현황을 보며 때로는 감정이 이성보다 앞서야 하는 경우도 분명히 있다는 생각을 하게 됐다. 현재 이스라엘에서 자동차 판매 1위 회사는 어디일까? 자랑스러운 대한민국의 기업, '현대·기아자동차'다.

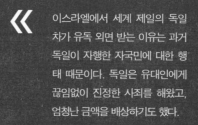

> 이스라엘에서 세계 제일의 독일 차가 유독 외면 받는 이유는 과거 독일이 자행한 자국민에 대한 행태 때문이다. 독일은 유대인에게 끊임없이 진정한 사죄를 해왔고, 엄청난 금액을 배상하기도 했다.

이스라엘 판매량 1위를 차지한 모델은 기아의 피칸토이며 2위는 기아 스포티지, 5위는 현대 아이오닉, 7위는 현대 투싼, 8위는 현대 i10이다. 이스라엘 자동차 판매량 Top10 중 무려 절반이 현대·기아자동차다.

그렇다면 유럽에서 가장 많이 팔리는 독일 자동차는 과연 몇 위일까? 이스라엘 자동차 판매량 상위 50위 안에 랭크된 독일 자동차는 '폭스바겐 골프', 단 하나다. 그나마 34위로 하위권에 있다. 하위권에라도 오르게 된 이유 또한 폭스바겐이 "과거 나치 정권 시절 자행한 유대인 강제징용 피해자에 대한 배상금을 회사 차원에서 지급한다"는 발표를 하고 나서야 겨우 순위에 오를 수 있었던 것이다.

지리적으로 우리나라보다 유럽에 가까운 이스라엘에서 세계 제일의 독일 차가 유독 외면 받는 이유는 과거 독일이 자행한 자국민에 대한 행태 때문이다. 독일은 자신들의 과오에 대해 이스라엘과 유대인에게 끊임없이 진정한 사죄를 해왔고, 엄청난 금액을 배상하기도 했다. 물론 사과를 한다고 잘못이 사라지는 것은 아니지만, 자국의 잘못을 전혀 인정하지 않는 뻔뻔한 일본의 행동에 비해서는 백번 훌륭한 선택임은 분명하다.

하지만 이스라엘은 여전히 독일에 대한 배타적 태도를 유지한다. 자국민의 아픔이 아직 아물지 않았음을 에둘러 표현하는 것이다.

그렇다면 이러한 행동을 하는 이스라엘 국민들이 무식하고 비이성적인 것일까? 전 세계 경제를 호령할 만큼 뛰어난 경제력과 수많은 위인을 배출한 유대인을 향한 평가로는 부적절하다. 그들은 자국의 입장에서, 머리가 아닌 가슴이 시키는대로 독일 불매운동을 자발적으로 지속하고 있을 뿐이다.

그런데 앞서 언급한 댓글처럼 우리나라 국민 중에서 일본 불매운동을 비난하는 이들이 제법 존재한다. 애국심의 가치를 깎아내리고 불매운동을 비이성적 행동이라고 평가절하하는 한국인이 있다는 사실에 깊은 좌절을 느낀다.

강한 애국심과 철저한 역사의식을 가진 민족은 필히 번영하기 마련이다. 유대인들을 보라. 나라를 잃고 오랜 세월 독일로부터 민족 말살에 가까운 범죄에 시달렸음에도 불구하고 애국심과 끈끈한 민족성으로 끝내 세계를 아우르는 거대한 권력을 일궈냈다.

우리도 일본에 대한 올곧은 역사의식과 강한 애국심으로 불매운동을 계속해야 한다.

세계적인 베스트셀러 작가 무라카미 하루키는 이렇게 말했다.

"사죄는 상대방 국가의 국민들이 그만하라고 할 때까지 끊임없이 계속해야 한다."

독일은 현역 총리가 무릎을 꿇고 이스라엘 국민들에게 사죄했다. 반면 일본은 경기가 좋을 때 진심이 담기지 않은 '보여주기식' 사죄, 그나마도 자신들의 잘못은 쏙 뺀 입장문을 발표했을 뿐이다. 그리고 여전히 일본 정치인들은 야스쿠니 신사 참배를 계속하고 있다. 이는 마치 독일 정치인들이 히틀러 묘지에 가서 참배를 하는 격으로, 상상할 수 없는 행동이다. 게다가 역사에 대한 망언, 독도에 대한 망언도 서슴지 않는다. 대체 생각과 상식이란 게 있는지 묻고 싶다. 이런 상황에서 우리나라 불매운동이 잘못됐다고 주장하는 이들은 정말 한국인이 맞기는 한 것인가?

제발 일본 자동차 좀 사지 말자. 일본 자동차 기업이 한국에서 그렇게 많은 판매고를 올리고도 단 한 번이라도 강제징용 피해자나 위안부 할머니들에게 사죄나 배상을 한다는 얘기를 들어본 적이 있는가?

일본 기업에게 있어 한국은 그저 장사하기 편하고 만만한 나라일 뿐이다. 부디 스스로 우리의 가치를 깎아먹지 않길 바란다.

강한 애국심과 철저한 역사의식이 있는 민족은 바람에 흔들리지 않는다. 불매운동의 동력인 애국심은 전혀 부끄러운 게 아니다. 일본 상품을 쓰는 게 부끄러운 일이 돼야 하고, 국산품을 사용하는 사람은 떳떳하고 자랑스러워해야 한다.

애국심은 결코 진부하거나 촌스러운 것이 아니다. 이 책을 통해 독자 여러분 모두가 의식 있는 불매운동과 일본 여행 보이콧에 동참해줄 것을 간곡히 당부한다.

불매운동은 반드시 계속돼야 한다

불매운동은 우리의 당연한 권리다

고백컨대 나는 지금까지 불매운동에 대한 필요성을 그다지 느끼지 못했다. 수십 년 동안 위안부 및 강제징용 문제에 침묵 혹은 변명으로 일관하는 일본의 태도에 불매운동의 효과가 미미할 것이라는 성급한 판단을 했던 것이다. 한국 일부 보수언론의 잘못된 보도도 내 눈을 흐리는 데 한 몫을 했다.

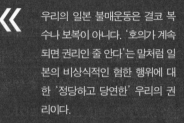

우리의 일본 불매운동은 결코 복수나 보복이 아니다. '호의가 계속되면 권리인 줄 안다'는 말처럼 일본의 비상식적인 혐한 행위에 대한 '정당하고 당연한' 우리의 권리이다.

하지만 현재 한국의 일본 불매운동은 분명 일본에 심각한 타격을 주고 있다. 세계적인 브랜드 가치를 자랑하는 유니클로의 한국 매장 폐점을 시작으로 일본 맥주 판매 급락, 일본 자동차 판매 올스톱 등 우리의 불매운동은 일본에게 가시적이고 명확한 타격을 주고 있다. 우리나라가 입은 경제적 피해의 10배 이상에 해당하는 수출액 감소가 확인되기도 했다.

분명히 말하고 싶은 부분은 우리의 일본 불매운동은 결코 복수나 보복이 아니라는 점이다. '호의가 계속되면 권리인 줄 안다', '가만히 있으면 호구 취급당한다'는 말처럼 일본의 비상식적인 혐한 행위에 대한 '정당하고 당연한' 우리의 권리이다.

개인적으로는 '일본이 진정어린 사과를 할 때까지' 불매운동을 계속해야 한다고 생각한다. 입에 담기도 싫지만 일본 현지에서 혐한 수준은 이미 선을 넘어도 한참을 넘었다. 일본과 평화로운 공존을 도모하는 건 그들이 우리가 느끼기에 진정한 사과를 한 이후에 고려해야 하는 문제다.

과연 일본은 한국을 어떻게 대하고 있을까? 지금부터 설명하는 내용을 본다면 아마 대다수 한국인들은 피가 거꾸로 솟는 기분을 느낄 것이다. 그만큼 일본의 혐한 수준은 상상 그 이상이다.

가장 먼저 '혐한 방송'에 대한 이야기를 해보자. 과장 조금 보태면 현재 일본 방송의 콘셉트는 아예 혐한이란 하나의 주제로 통일된 듯하다. 너무 많아서 일일이 열거하기 힘들 정도로 혐한 방송이 넘쳐나는 현실이다. 내가 일본에서 TV를 거의 보지 않는 이유다. 물론 연구를 위해 울며 겨자 먹기 식으로 혐한 방송을 봐야 할 때도 있다.

일본인의 혐한은 한국뿐 아니라 자국민에게도 상처를 입히곤 한다. 일본에서 인기가 높은 일본 장기의 천재 기사, 후지이 쇼타는 혐한으로 인해 큰 피해를 본 인물 중 하나다. 후지이 쇼타는 혜성처럼 등장한 천재 장기 기사로 일거수일투족이 방송에 소개될 만큼 국민적인 인기를 누리고 있었다. 그런 그에게 처음으로 닥친 시련의 시발점은 바로 경기 도중 점심으로 먹은 '돼지김치우동'이었다. 한국 대표 식품인 '김치'가 들어간 음식을 먹었다는 이유로 일본 우익 세력을 중심으로 '조센진'이라는 비난이 퍼진 것이다.

인터넷에는 아베 정부가 고용한 이른바 '댓글 조작단'이 작성한 후지이 쇼타 비난 댓글이 폭발하고, 일상생활에서도 불특정 다수의 사람들이 야유를 했다. 후지이 쇼타가 부진을 겪기 시작한 시기가 이와 맞물린 것으로 보아 해당 사건으로 엄청난 심리적 타격을 받았음을 미뤄 짐작할 수 있다.

'제2의 아사다 마오'로 불리며 수많은 기업의 후원을 받는 혼다 마린이라는 피겨 선수 역시 극렬한 비난을 받은 일이 있다. 혼다 마린은 아주 오래전, 지극히 개인적인 SNS 공간에 "한국에 오래도록 가보고 싶었다"는 글을 남긴 적이 있다. 일본 우익 세력들은 이 한 문장을 근거로 혼다 마린에게 엄청난 비판 세례를 퍼부었다. 결국 혼다 마린은 "경솔했다"는 사과를 해야 했다.

대체 이게 무슨 잘못이라는 건가? 개인적인 공간에 남긴 개인적인 의견까지 비난을 받아야 한다는 게 일본 우익 세력과 많은 일본인의 의견이다. 한국이라는 단어 하나만 있어도 무조건 비난을 할 수 있다는 일본인의 조잡하고 저열한 사상이 현재 일본의 비참한 현실을 대변한다.

한편 팟캐스트 〈김어준의 다스뵈이다〉에서도 소개된 아베 정권 댓글 조작부대의 심각성은 일일이 설명하기 힘들 정도다. 아베 정권은 자신들이 원하는 방향으로 여론을 조작하기 위해 댓글 조작부대를 체계적으로 운영하고 있다. 우익 세력의 지원이 뒤따르는 것은 물론이다.

한국은 댓글 조작에 대한 위험성을 인지해 이에 대한 제재 근거를 마련했지만, 일본은 여전히 사각지대에 있다. 다시 말해 아베의 여론 조작은 브레이크가 고장 난 기차와 같이 무차별적으로 이뤄지고 있는 것이다.

아베가 인위적으로 조작하는 일본 여론은 혐한을 부추기는 가장 큰 동력이다. 아베의 더러운 권력 욕심은 과연 어디까지일까? 부디 아베가 개인의 추악한 욕망이 자신의 조국은 물론 선량하게 살아가려 노력하는 이웃 나라 한국까지 힘겹게 하고 있다는 사실을 하루빨리 깨닫기를 바란다.

일본 혐한의 실태

일본은 참 속이 좁은 나라다. 지난해 평창 올림픽 당시 일본 컬링 대표팀이 "휴식 시간 중 먹은 한국 딸기가 맛있었다"는 내용으로 인터뷰를 한 적이 있다. 그런데 일본 현지에서는 또 이 인터뷰 때문에 난리가 벌어졌다.

일본 농림수산부 장관까지 나서서 "원래 한국 딸기는 일본 품종을 베껴서 만든 아류작일 뿐이다"라며 혐한의 불씨를 당겼다. 우익 언론은 해당 인터뷰를 근거로 수많은 혐한 기사를 쏟아내며 '한국은 도둑'이라는 국민적 공감대 형성을 이끌어내기 위해 노력했다.

일본 방송에서는 "역시 한국은 도둑놈 심보가 충만하다"는 식의 발언을 서슴지 않았다. 어떻게 이렇듯 한 나라의 국격을 깡그리 무시하는 말을 할 수가 있을까? 일본이라는 나라의 저급한 국민성에 소름이 끼친다.

속이 좁은 것도 모자라 뒤끝도 심하다. 딸기 문제를 언제까지 우려먹을 셈인지, 우리나라 대통령의 방일 당시 일본에서 마련한 취임 1주년 축하 케이크 맨 위에는 일본산 딸기가 떡하니 꽂혀 있었다. 아무 장식도 없는 새하얀 케이크 위에 딸기만 눈에 띄게 꽂아 놨으니 분명 평창 올림픽 딸기 사태에 대한 불만을 에둘러 표현한 것이다. 이게 일국의 대통령에게 할 수 있는 행동일까? 현재 일본이라는 나라에 국격이라는 것이 과연 존재하는 것일까? 앞에서는 살살 웃으면서 뒤에서 칼을 꽂는 일본인의 음흉한 심성은 차라리 서글플 정도다. 한심하고 또 한심하다.

한국의 자랑인 방탄소년단이 일본 방송에 출연했을 때도 마찬가지다. 방탄소년단은 방송 후 주제와 아무런 상관이 없는 일본산 딸기를 선물로 전달받았다. 진행자는 굳이 포장을 뜯어 딸기를 일일이 멤버들에게 들려주고 시식을 강요했다. 그리고 마지못해 딸기를 맛본 방탄소년단에게 "딸기 맛있지 않느냐?"는 질문을 던졌다. 그런 상황에서 어느 출연자가 "맛이 없다"고 대답할까? 방탄소년단은 예의상 그냥 짧게 "맛있다"고 답했다.

그런데 이 장면을 본 일본 언론은 다음날 곧바로 '방탄소년단이 인정한 세계 최고의 일본산 딸기'라고 썼다. 일본이 예의 바르고 착하다고? 세상에 이처럼 더럽고 비열한 나라는 또 없을 것이다.

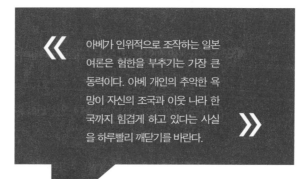

아베가 인위적으로 조작하는 일본 여론은 혐한을 부추기는 가장 큰 동력이다. 아베 개인의 추악한 욕망이 자신의 조국과 이웃 나라 한국까지 힘겹게 하고 있다는 사실을 하루빨리 깨닫기를 바란다.

일본의 낮은 국민성은 '맥도날드 광고 논란'에서도 확인할 수 있다. 일본 맥도날드 광고에 등장한 아르바이트생이 '한국식'으로 인사를 했다는 이유로 불매운동이 벌어졌다. 대체 '한국식 인사'가 뭔지도 모르겠지만, 아무튼 일본 우익 세력은 해당 광고를 이유로 맥도날드 불매운동을 부추겼다. 결국 맥도날드는 광고를 중단할 수밖에 없었다.

우리가 불매운동을 계속해야 하는 이유는 지금, 이 순간에도 계속 늘고 있다. 일본은 아베 정권이 들어서고부터 혐한을 국가 정책의 방향으로 정한 듯 혐한활동을 무분별하게 지지하고 지원하기 시작했다.

한국에 입국하면 일본 외무성으로부터 메시지가 하나 온다.

"반일운동이 발생할 가능성이 높다. 일본인들은 테러를 조심해라."

한국인의 일본인 대상 테러를 주의하라는 내용이다. 우리나라에서 일본인이 혐일 테러를 당하는 사례는 아주 극소수에 불과하다. 불매운동은 격렬하지만 그렇다고 한국을 방문한 일본인에게 차별적인 대우를 하고 있지 않다.

한국이 '와사비 테러'를 자행하는 일본과 같은 수준이라고 착각하고 있는 것일까? 아니다. 일본은 지금 그저 무조건적인 '한국 까기'를 시행하고 있을 뿐이다.

반면 수많은 한국 관광객 및 거주자가 일본인으로부터 혐한 테러를 당한 사례는 차고 넘친다. 유튜브만 검색해봐도 영상이 수두룩하다. 방귀 뀐 놈이 성내는 일본인의 뻔뻔한 대응에 기가 찰 노릇이다.

일본의 혐한주의는 종교계라고 예외를 두지 않는다. 일본 와카야마현의 고야산에는 한 유명 대형 사찰이 있다. 평생 수행만을 위해 살아가는 신성한 공간인 절에서, 그것도 주지 스님이라는 자가 직접 자신의 SNS를 통해 험한 발언을 남겼다.

"한국인들은 개인적으로는 일부 괜찮은 녀석들도 있지만, 조직이나 국가 차원에서 보면 그냥 귀찮은 존재일 뿐이다. 특히 한국인 세 명이 모이면 최악의 쓰레기가 된다."

제정신으로 할 수 있는 말인지, 그가 나와 같은 상식을 가진 인간이라고 평가하지 못하겠다.

또한 일본인은 한국과 북한이 평화롭게 지내는 것을 바라지 않는다. 지난해 NHK의 한 여론조사에서 남북 관계가 평화로워지는 것을 찬성하는 사람은 극소수였다. 반면 남북 평화를 반대하는 비율은 무려 65%에 이르렀다. 물론 일본인의 의견은 우리 정책과 하등의 상관도 없는 '담벼락 밖 개 짖는 소리'와 다름 아니다.

'그들만의 잔치'는 니혼게이자이 신문의 한 여론조사에서도 확인할 수 있다. 아베 정권의 이번 경제보복 조치에 대해서 잘하고 있다는 대답이 64%에 이르는 것으로 나타난 것이다. 국민 3명 중 2명이 아베의 경제보복 조치를 지지했다.

이러한 결과는 일정 부분 아베 정권과 언론의 지속적인 세뇌 및 우민화 노력에 따른 결과라고도 할 수 있다. 하지만 결국 올바른 판단을 내리지 못하는 일본인의 책임으로 귀결될 수밖에 없다. 아베 정권은 너무나 당연하고, 사리분별을 하지 못하는 우매한 일본 국민들도 분명히 이에 대한 책임을 져야 한다.

왜 일본인은 자신들의 잘못을 인정하고 바꾸려 하지 않는가? 언제까지 우물 안 개구리로 살 것인가? 참으로 답답한 나라, 참으로 답이 없는 민족이다.

■

대국민 세뇌 정책, 혐한방송

앞서 언급한 일본의 혐한방송을 조금 더 자세히 살펴보자.

현재 일본 대다수 방송은 한국 까기에 앞장서고 있다. 위안부에 대한 모욕적인 발언도 서슴지 않는다. 위안부 동상을 향해 '가슴이 쳐졌다'는 막말을 지껄인다. 공중파 방송이라고는 생각할 수 없는 '막장 수준'이다.

영화감독이자 코미디언으로 유명한 기타노 다케시는 방송에서 문희상 국회의장을 향해 "저 호박 같은 머리 어떻게 좀 못 하나? 저거 삶아 먹으면 맛있을 거 같다. 속에 여러 가지 넣고 끓이면 10인분은 되겠다"라는 말을 했다. 심지어 해당 방송은 가

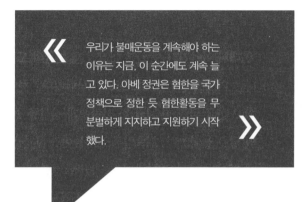

> 우리가 불매운동을 계속해야 하는 이유는 지금, 이 순간에도 계속 늘고 있다. 아베 정권은 혐한을 국가 정책으로 정한 듯 혐한활동을 무분별하게 지지하고 지원하기 시작했다.

장 많은 시청자가 몰리는 골든타임에 배정됐다. 이게 일본 방송 수준이다.

한국 공중파 방송에서 아베 총리나 아소 다로 재무장관에 대해서 "생긴 게 뭐 저래?", "진짜 한심하게 생겼다"와 같은 외모 비하 발언을 한다는 건 상상도 할 수 없는 일이다. 우리는 상식을 가진 민족이니까. 이것만 봐도 일본의 국격이 얼마만큼 추락했는지 알 수 있다.

일본인의 이중적인 행태를 제대로 보여주는 사례를 하나 소개하고자 한다.

얼마 전까지 주한일본대사로 재임한 무토 마사토시라는 인물

에 대한 이야기다. 동일본 대지진 때 한국의 도움에 대해 감사하다는 의사를 공식적으로 전달한 사람이다. "한국인의 정에 감동했고 한국 국민 한 사람 한 사람에게 감사를 표하고 싶다"는 식의 말을 늘어놓던 그는 일본으로 돌아간 후 《한국인으로 태어나지 않아서 다행이다 韓国人に生まれなくてよかった》라는 제목의 책을 썼다. 이 책은 베스트셀러가 될 정도로 절찬리에 판매 중이다. 이렇게 앞에서는 살살 웃으며 친절한 모습을 보이면서도 뒤로는 음흉하게 칼을 꽂는 게 일본인이다.

혐한 활동은 계층을 가리지 않는다. 일본 왕족의 후예인 다케다 쓰네야스라는 자가 있다. 아버지가 황적에서 이탈한 이후 왕족에서 제외되고 각종 혐한 프로그램에 출연하며 생계를 이어가는 한심한 인물이다.

"한국에 대한 일본 맥주 수출을 금지하는 겁니다. 3일만 한국 식당에서 일본 맥주를 팔지 않으면 금세 망할 겁니다. 일본이 정말 맥주 수출을 막아버리면 한국 경제는 하루아침에 곤두박질칠 것입니다."

현실은 어떤가? 우리나라 대형마트에서는 일본 맥주를 다른 상품의 절반 가격에 판다고 해도 전혀 팔리지 않는다. 일본 맥주를 대체할, 아니 그보다 훨씬 맛있는 제품들이 널리고 널린 까닭이다. 이러한 현실은 전혀 모르고 자신만의 망상에 빠져있는 '바보 왕족'의 민낯이 그저 우스울 뿐이다.

혐한 서적이 돈이 되는 일본 출판계의 한심한 현실

혐한주의는 출판업계까지도 장악하고 있다.

'한국과 엮이지 마라. 관계하지 마라.'
'한국과 엮이면 사람도, 나라도 반드시 불행해진다.'
'이곳을 보지 말아주세요. 이곳에 오지 말아주세요.'

놀랍게도 대형서점에서 불티나게 팔리는 혐한 서적의 제목들이다. 일본에서 일정 수준 이상의 규모가 있는 서점에 가면 어느 곳에나 '혐한 섹션'이 있다. 심지어 꽤 많은 책이 베스트셀러 순위를 차지하고 있다.

정말 이해할 수 없다. 독일에서 유대인을 모욕하는 책이 베스트셀러가 되는 것과 같다. 정말 상상조차 할 수 없는 일들이 일본에서는 일상적으로 벌어지고 있는 것이다. 그야말로 나라가 미쳐 돌아가고 있는 모양새다.

현재 일본 출판계에서는 "돈을 벌려면 혐한 책을 써야 한다"는 말이 정설로 받아들여지고 있다. 《몰락하는 반일 국가의 정체没落する反日国家の正体》라는 책은 이 같은 분위기에 편승해 돈을 벌어보고자 하는 미국인이 쓴 것이다. 또 어떤 미국인은 《미국도, 중국도, 한국도 반성하고 일본을 배워라!アメリカも中国も韓国も反省して日本を見習いなさい》라는 책을 쓰기도 했다. 개인적인 감정이 섞였지만, 얼굴도 마음도 정말 양아치 같은 한심한 미국인들이다.

심지어 사실을 왜곡하는 것도 서슴지 않는다. 《몰랐던 대만의 반한知られざる台湾の「反韓」》이란 책을 통해 대만도 한국을 싫어한다는 주장을 하는 식이다. 현재 대만에는 반한 분위기가 거의 사라졌다. 오히려 케이팝, 한국 드라마 등 이른바 한류열풍이 한창이다. 반한 감정이 있는 나라는 전 세계에서 오직 일본뿐이다.

다케다 쓰네야스가 쓴 책의 제목은 눈을 의심케 한다.《일본은 왜 세계에서 가장 인기가 많은가日本はなぜ世界でいちばん人気があるのか》. 웃음이 나올 정도다. 반어법을 사용해 제목을 지었나? 이런 책을 쓰는 사람도 읽는 사람도 한심하다.

《한국에서도 일본인은 대단했다韓国でも日本人は立派だった》라는 책은 정말 복장이 뒤집어질 만한 내용이 즐비하다. 이 책의 주요 내용은 일제강점기 때 일본이 조선에 좋은 일을 많이 했다는 것이다. 일본인은 너무 친절해서 한국에 도로도 놔주고 조선인들의 성을 바꿔줌으로써(창씨개명) 차별받지 않고 살게 해줬다는 등 일제강점기를 자화자찬하는 책이다.

한국에서 근무했던 일본종합상사 직원이 쓴《한국이 죽어도 일본을 따라오지 못할 18가지 이유韓国が死んでも日本に追いつけない18の理由》라는 책은 지극히 개인적으로 경험한 일을 악의적으로 풀어 써놓았다.

이렇듯 일반인까지 혐한 서적 출판에 목을 맬 만큼 일본은 지

혐한 관련 서적이 이처럼 꾸준히 인기를 얻고 있는

이유는 무엇일까? 한 일본 언론인은

"책을 산 사람들 모두가 한국을 싫어하는 것은

아닌 것 같다"며 "일본이 이만큼 우월하다는 것을

통해 안심하고 싶은 것"이라고 분석했다.

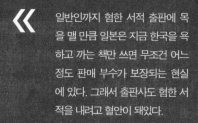

> 일반인까지 혐한 서적 출판에 목을 맬 만큼 일본은 지금 한국을 욕하고 까는 책만 쓰면 무조건 어느 정도 판매 부수가 보장되는 현실에 있다. 그래서 출판사도 혐한 서적을 내려고 혈안이 돼있다.

금 한국을 욕하고 까는 책만 쓰면 무조건 어느 정도 판매 부수가 보장되는 현실에 있다. 그래서 출판사도 혐한 서적을 내려고 혈안이 돼있다. 《숨 쉬듯이 거짓말을 하는 한국息をするように嘘をつ〈韓国》이라는 저급한 제목의 책이 당당하게 팔리는 게 일본의 실상이다.

여기서 잠시 '현대판 이완용'을 소개하고자 한다. '오선화'라는 이름의 제주도 출신 한국 여성이 바로 그 주인공이다. 일본 이름은 '고젠카'이며 대표적인 친일인사이자 매국노다. 오선화는 일본에서 호스테스 생활을 하다가 일본 우익 세력에 소속된

한 손님에게 발탁돼 혐한 노선을 선택한 배신자다. 학력, 이력 등 전부 거짓에 품격과 인격은 찾아볼 수조차 없는 이런 사람이 우익의 도움으로 일본에서 버젓이 교수로 활동하고 있다. 물론 우리나라 입국은 금지됐다.

오선화는 반한, 혐한의 아이콘 같은 사람이다. 한국 출신이 나서서 혐한 활동을 하는데, 일본인에게는 얼마나 귀한 인재겠는가? 그의 혐한 강의를 들어보면 기가 차서 말도 나오지 않는다. 강의 내용 중 사실은 하나도 없고, 전부 자신의 상상 속에 있는 거짓말로 도배를 한다. 그런데 일본인들은 그 말에 열광한다. 보고 싶은 것만 보고, 믿고 싶은 것만 믿는 민족성이 고스란히 드러나는 한심한 장면이다.

다시 책 얘기로 돌아와, 다음 혐한 서적은 자기 합리화의 끝판 왕인 《대혐한시대大嫌韓時代》다. 전 세계가 다 한국을 미워한다는 내용이다. '일본만 한국을 싫어하는 게 아니라 전 세계가 같은 마음이니 혐한이 나쁜 게 아니다'라고 주장하는 자기 합리화용 책이다.

최근 해외 홍보 문화원에서 시행한 국가 이미지 조사에 따르면 대부분의 나라가 한국을 매우 긍정적으로 보고 있다는 사실을 알 수 있다. 평균 80% 이상의 인원이 긍정적인 답변을 내놨으며 90%가 넘는 나라도 여럿이다.

이처럼 수치가 증명하는데도 불구하고 일본은 전 세계가 한국을 싫어한다는 어불성설격 주장만 반복하고 있다.

《대혐한시대》를 쓴 사람은 사쿠라이 마코토라는 유명 혐한 인사다. 일본 제일당의 대표이자 '재특회재일교포의 특권을 용서하지 않는 모임'의 수장이다. 더욱 심각한 문제는 사쿠라이 마코토가 나치 깃발까지 동원한 혐한 집회를 열고 "조선인 죽어라", "위안부는 매춘부다"라는 구호를 외친다는 것이다. 혐한이 돈이 되는 일본이라는 나라가 차라리 불쌍하고 안쓰럽게 느껴질 정도다.

이러한 현실에 편승해 일본 정·재계 유명 인사들도 혐한 서적 출판에 뛰어들고 있다. 먼저 아베의 총애를 듬뿍 받고 있는 햐쿠타 나오키는 극우 인사이자 다수의 베스트셀러를 출판한 우익작가로 유명하다.

햐쿠타 나오키가 쓴《영원의 제로永遠のゼロ》'라는 소설은 무려 390만 부 이상이 팔렸고, 2014년 영화로도 제작돼 700만 명이 넘는 관객을 동원했다. 박스오피스 1위였다. 일본은 극장에 직접 가는 사람이 한국보다 많지 않아 700만 명이 넘는 작품이 거의 없다. 그야말로 '대 히트작'이라고 평가할 만한 수준이다.

《영원의 제로》는 가미가제 특공대를 미화한 내용의 소설이다. 아베가 이 영화를 보고 펑펑 울었다는 일화는 널리 알려져 있다.

나 역시 궁금증에 이 영화를 봤는데, 정말 어이가 없다 못해 정신이 혼미해질 지경이었다. 과거 군국주의의 잔재이자, 조국수호라는 그럴듯한 명분을 씌워 청년들의 소중한 생명을 앗아간 가미가제 특공대를 마치 숭고한 희생자라도 되는 양 포장해 놓은 것이다. 절대 보지 말아야 할 책과 영화다.

같은 작가가 쓴《지금이야말로 한국에게 사죄하자今こそ、韓国に謝ろう》라는 책의 제목은 소위 말하는 '어그로성' 반어법을 사용했다. 책 내용을 요약하자면 '일제강점기 35년 동안 일본이 조선과 얽힌 건 큰 실패'라는 것이다.

조금 더 자세히 설명하면 '일본의 선진화된 의료기술을 조선에 전파해드려 미안합니다', '일본이 조선에 철도를 놔 교통을 편리하게 해드려 미안합니다', '일본이 조선에 학교를 많이 세워서 조선인의 문맹률을 낮춰드려 미안합니다'와 같이 비꼬는 말투로 한국을 비아냥대는 내용으로 가득하다.

일본에서는 이런 책이 베스트셀러로 현재까지도 절찬 판매 중이다.

이처럼 자신의 입맛에 맞는 행동만 하는 극우 인사를 아베가 사랑하지 않을 수 있을까? 햐쿠타 나오키는 수년 전 일본 국영 방송인 NHK의 경영위원으로 발탁됐다. 당연히 '보은인사'다. 경영위원이라는 위치는 NHK의 모든 방송에 굉장한 압력과 입김을 행사할 수 있는 자리다. NHK에 군국주의를 찬양하는 방송이 급격하게 늘어난 이유 중 하나다.

과거 NHK는 굉장히 중립적이고 공명정대한 프로그램을 제작하는 신뢰할 만한 방송국이었다. 하지만 햐쿠타 나오키가 경영위원이 되고, 설상가상 모미이 카쓰토라고 하는 아베의 수족이 NHK의 회장으로 취임하며 언론의 본질을 잃어버렸다.

특히 모미이 카쓰토는 회장 취임 기자회견에서 "위안부는 나쁜 게 아니다. 위안부는 어느 나라에나 있었다"라는 망언을 쏟아내기도 했다. 이런 사람들을 국영방송 회장과 경영위원으로 선택한 아베의 하찮은 안목이 이제는 놀랍지도 않다.

■

국민들의 눈을 가리기 위한 아베의 선택, 혐한

이 같은 현상은 아베 정권이 장기화되면서 일본 국민 우민화 정책이 성공적으로 착실하게 시행되고 있음을 보여주는 근거다. 국가가 정한 노선을 아무 의심 없이 따라가는 일본인의 멍청함이 혐한으로 이어진 까닭이다.

현재 일본은 국내에도 심각한 문제가 산적해 있다. 인구고령화로 인해 관련 지원에 엄청나게 많은 예산이 소모되어 젊은 층의 세금부담이 높아지고 있다. 국가부채가 압도적인 세계 1위로 경제는 도통 살아날 기미가 보이지 않는다. 수십 년간 월급은 계속 떨어졌고, 몇 년 전에는 과거 자신들의 발밑에 있던 중국에 역전을 당했다.

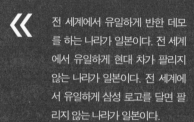

> 전 세계에서 유일하게 반한 데모를 하는 나라가 일본이다. 전 세계에서 유일하게 현대 차가 팔리지 않는 나라가 일본이다. 전 세계에서 유일하게 삼성 로고를 달면 팔리지 않는 나라가 일본이다.

이런 국내외적인 불안감에 따른 국민들의 불만을 '혐한'으로 돌리려는 게 바로 아베 정부의 책략이다. 현재 도쿄와 오사카 등 대도시를 중심으로 반한 혹은 혐한 데모가 크게 늘어나고 있다. 게다가 점점 과격하고 폭력적인 집회로 변질되고 있다.

지금 일본인은 자신들의 처지를 모르는 것 같다. 정작 반일 시위를 해야 하는 건 한국이다. 어떻게 가해자가 피해자를 향해 데모를 할 수 있는가?

전 세계에서 유일하게 반한 데모를 하는 나라가 일본이다.

전 세계에서 유일하게 현대 차가 팔리지 않는 나라가 일본이다.

전 세계에서 유일하게 삼성 로고를 달면 팔리지 않는 나라가 일본이다.

이런 상황에서 우리가 불매운동을 하지 말아야 한다는 목소리가 나온다는 사실에 개탄을 금치 못하겠다. 분명히 말하지만 지금 이야말로 일본이 사죄할 때까지 불매운동을 해야만 할 때이다. 절대 중간에 멈춰서는 안 된다. 아베 정권을 끌어내릴 때까지 우리는 철저하게 불매운동, 일본 여행 보이콧을 유지해야 한다.

현재 일본의 상황은 분명 정상이 아니다. 전혀 이성적이지 않고, 상식적으로 이해가 안 되는 행동이 일상으로 자리 잡았다. 독일 정치인들이 히틀러 묘지 앞에 가서 참배를 하는 모습을 상상할 수 있는가? 절대 있을 수 없는 일이다.

일본은 정치인들이 야스쿠니 신사를 정기적으로 참배한다. 그 정도로 지금 일본은 비상식적이다. 이성을 잃었다.

그런데 한국의 국내 상황은 더 심각하다. 아베 정권과 일본을 비판하면, '좌빨 빨갱이'나 '친북주의자'라고 매도하는 사람들이 있다. 그 논리의 연결고리가 도저히 이해되지 않는다.

비상식적인 방법으로 한국을 망하게 하려는 아베 정권의 계략에 대한 비판이 같은 조국의 국민에게 비난받을 일일까?

한민족에게 그렇게 크나큰 피해를 끼친 일본을 찬양하고 아베 정권을 미화하는 일부 정치 세력은 자신의 부끄러운 모습을 돌아봐야 할 것이다.

해외 생활이 20년째 접어들고 있는데, 어느 나라를 가더라도 군복과 군화를 가장 먼저 챙긴다. 지금은 동원예비군과 민방위까지 다 끝났지만 아직도 짐 한 편에 군복을 챙긴다. 그럴 일은 절대 없고, 반드시 없어야 하지만, 만약 한국에서 전쟁이 발발하면 나는 곧바로 군복을 입고 조국을 지키러 갈 것이다.

장담하건대 일본의 경제보복 조치는 아무런 성과를 거두지 못할 것이다. 분명 일본의 큰 실패로 결론 날 게 자명하다. 일본은 지금 자기 무덤을 파고 있는 것이다. 미국 IT업계를 중심으로 한 전 세계의 압박이 현재 아베 정권을 궁지로 몰아넣고 있다.

개인적인 의견이지만 앞으로 아베 정권이 절벽에 몰리면 극우 세력의 불만을 잠재우기 위해 한국에 대한 군사적 도발을 감행할 가능성이 농후하다. 현재 일본은 최첨단 F-35 스텔스 전투기를 105대 주문했으며, 10여 대의 항공모함 진수식을 준비하고 있다. '전쟁은 결코 일어나지 않을 것'이라고 장담할 수 없는 전조가 곳곳에서 감지되고 있는 것이다.

일본은 절대 사과하지 않는다.

일본의 사과를 이끌어내기 위해서는

결국 우리가 '강제로' 받아내야만 한다.

불매운동, 일본 여행 보이콧은

그 시작일 뿐이다.

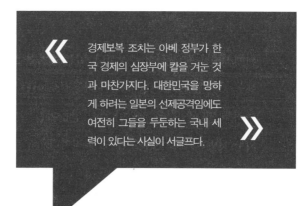

경제보복 조치는 아베 정부가 한국 경제의 심장부에 칼을 겨눈 것과 마찬가지다. 대한민국을 망하게 하려는 일본의 선제공격임에도 여전히 그들을 두둔하는 국내 세력이 있다는 사실이 서글프다.

아베는 일본 국민들을 세뇌해 우민화하고자 한다. 나아가 과거 군국주의로의 회귀를 도모하기 위해 국가 차원의 전쟁을 차곡차곡 준비하고 있지는 않은지, 사뭇 두렵기만 하다.

일본의 경제보복 조치도 혐오스럽지만, 나는 대한민국 정부와 일부 동포들에게도 깊은 절망감을 느꼈다. 일본의 경제보복 조치는 아베 정부가 한국 경제의 심장부에 칼을 겨눈 것과 마찬가지다. 경제력이 곧 국가 경쟁력인 시대, 대한민국을 망하게 하려는 아베 정부의 선제공격에도 불구하고 여전히 일본을 두둔하는 국내 세력이 있다는 사실이 서글플 따름이다.

제발 개인의 이해타산은 잠시 차치하고 일본의 경제보복 조치에 대항하길 간절히 부탁한다. 일본 제품을 쓰지 않고 일본 여행을 가지 않는 게 지금 당장은 아무것도 아닌 듯 느껴지겠지만, 우리 국민들의 작은 노력이 쌓여 만들어진 칼날은 반드시 일본의 시커먼 야욕을 깨부술 수 있을 것이다.

과거에 일본을 방문한 사람들은 일본에 대해 좋은 이미지를 갖고 있는 경우가 많다. 여행이든 업무적으로든 일본을 방문한 한국인은 친절하고 여유 있는 일본인 덕분에 일본이라는 나라 자체를 긍정적으로 평가했다. 한국 지인들에게 일본의 실태를 설명할 때면 "그게 진짜냐?"는 반문을 수십 번쯤 들어야 한다.

분명히 말하지만 아베 정권의 등장과 함께 과거 평화로운 일본은 사라졌다. 추억 속 일본은 자취를 감춘 지 오래고, 상식이 통하지 않는 '미친 나라'가 그 자리를 대신했다. 모든 국내외 불만을 한국 탓으로 돌려 자신들의 자리 유지에 사용하고, 도를 넘는 험한 발언과 행동을 하는 데 망설임이 없다.

나 역시 일본에 좋은 이미지를 가진 사람 중 하나였지만, 이제는 절대 아니다. 현재 일본은 예전의 평화로운 모습과는 전혀 다른 독재군국주의를 향해 가고 있다. 우리는 정신을 똑바로 차리

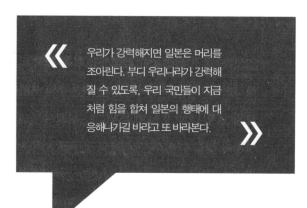

> 《 우리가 강력해지면 일본은 머리를 조아린다. 부디 우리나라가 강력해질 수 있도록, 우리 국민들이 지금처럼 힘을 합쳐 일본의 행태에 대응해나가길 바라고 또 바라본다. 》

고 일본의 한국 때리기에 맞서 싸워야 한다. 경제보복 조치는 일본이 우리나라에게 선전포고를 한 것과 마찬가지다. 이번 경제보복 조치에 대해 반反 아베운동과 불매운동으로 맞서 싸워 반드시 아베 정권의 진심 어린 사과와 퇴진을 받아내야 한다.

지금은 국난의 상황이다. 우리끼리의 이념 대립은 현재 닥친 국난을 슬기롭게 대처한 이후에 해결해도 좋을 것이다. 나라에 전쟁이 발생하면 이념과 지역에 상관없이 온 국민이 하나가 돼서 싸워야 한다.

우리가 강력해지면 일본은 머리를 조아린다. 우리가 강력해지면 한일문제는 모두 해결된다. 부디 우리나라가 강력해질 수 있도록, 우리 국민들이 지금처럼 힘을 합쳐 일본의 행태에 대응해나가길 바라고 또 바라본다. 일본에서 오랫동안 터전을 내리고 살고 있는 내가 이 책을 냈다는 사실이 알려지면 사뭇 위험한 상황이 생길 수 있다. 그럼에도 불구하고 최근의 사태를 통해 우리나라 국민들에게 일본의 실태를 알려야겠다는 사명감을 갖게 됐다. 이 책이 국민들에게 일본의 추악한 현실을 가감 없이 전달할 수 있다면 나에게는 더없이 큰 보상일 것이다.

일본은 절대 사과하지 않는다. 일본의 사과를 이끌어내기 위해서는 결국 우리가 '강제로' 받아내야만 한다. 불매운동, 일본 여행 보이콧은 그 시작일 뿐이다. 아베와 같이 무조건적이고 일방적으로 '일본 때리기'를 하자는 게 아니다. 아베와 그 하수인들의 욕망으로 시작된 경제보복 조치로 우리나라가 받은 피해에 대한 아베 정권의 진정한 사과, 역사적 문제에 대한 진정성 느껴지는 사죄와 배상 그리고 아베 정권의 사퇴를 통해 비정상적인 독재 정권은 참혹한 결말을 맞이한다는 권선징악의 정의를 일본 국민에게 보여줘야 정상적이고 평화로운 한일관계를 다시 시작할 수 있다는 것을 알리고 싶을 뿐이다.

대한민국은 위대한 나라다. 대한민국 국민은 존경받을 만한 훌륭한 국민이다. 일본과 아베 정권의 야욕을 꺾고 진정한 사과를 받아내는 그 날까지 모든 국민이 한마음으로 뭉쳐 싸워나가길 간절히 바라 마지않는다.

롯본기 김교수

초판 1쇄 발행 2019년 9월 20일
초판 4쇄 발행 2020년 3월 25일

지은이   김교수
펴낸이   백영희

편집   김지수
마케팅   허성권
디자인   이승욱

펴낸곳   (주)그린하우스
등록   2019년 1월 1일(110111-6989086)
주소   강남구 강남대로 62길 3, 8층
전화   02-6969-8929
팩스   02-508-8470

ⓒ   김교수 2019

ISBN   979-11-966804-1-1 03300